Franz Elsensohn

Seltsames und Sagenhaftes aus Vorarlberg
Band 3: Heilige und Galgenvögel

HÄMMERLE

Hämmerle Druck & Verlag, A-6845 Hohenems

ISBN 3-902249-13-7

Gestaltung: Graphisches Zentrum, A-6845 Hohenems
Herstellung: Hämmerle Druck Quintessence, A-6845 Hohenems
Printed in Austria

FRANZ ELSENSOHN

HEILIGE UND GALGENVÖGEL

SELTSAMES UND SAGENHAFTES AUS VORARLBERG · BAND 3

2002

INHALT

VORWORT

Auch der dritte Teil dieser Reise der besonderen Art führt auf weniger begangenen Wegen durch unser Land und seine Vergangenheit. Wieder erwartet den Leser eine bunte Mischung an seltsamen, sagenhaften, unheimlichen, manchmal aber auch erheiternden Begebenheiten; und wenn es auch mit der überprüfbaren Wahrheit des Erzählten nicht immer so weit her sein mag, so entbehrt manches doch nicht einer Art höherer Wahrheit, wie sie gerade in Sagen oft zum Ausdruck kommt.

Den Anfang machen Steine und damit Dinge, die mit besonders hohem Alter aufwarten können; einige von ihnen rühmen sich sogar, in einer Nahbeziehung zu Heiligen gestanden zu sein. Ihnen folgen Mineralien, für die sich vor allem die Venediger interessiert haben, also jene Sagengestalten, die besonders im Alpengebiet seit jeher Anlass zu fantasievollen Vermutungen gegeben haben. Ihre Kenntnisse verborgener Metallvorkommen sind ähnlich geheimnisvoll wie jene um manche Gewächse, deren Namen zwar jedem vertraut sind, deren Wirkungen jedoch weit über das im Allgemeinen Bekannte hinauszugehen scheinen. Anschließend ist mit der Katze jenes Haustier an der Reihe, dem wohl am ehesten Beziehungen zum Unheimlichen nachgesagt werden. Dafür gibt es dann zum Ausgleich ein Kapitel mit lichten Gestalten, die unserem Land vielleicht einmal die Ehre ihrer Durchreise gegeben haben. Dieses Thema wird bald darauf noch einmal aufgegriffen, und nun ist es sogar einer der Apostel persönlich, der sich bei uns sehen lässt, zumindest in Legenden. Dazwischen hat wieder eher Unerfreuliches seinen Platz, gebrochene Treue ist nämlich so wenig ein alleiniges Thema unseres Landes wie jenes vom berüchtigten Recht der ersten Nacht. Während diese Berichte mit den tatsächlichen Ereignissen meist nicht vereinbar zu sein scheinen, dürften einige Begebenheiten, die sich im klösterlichen Bereich abgespielt haben sollen, doch der Wirklichkeit nahe kommen. Etwas unheimlich sind sie auf jeden Fall, und weil solche Themen nun einmal eher gefragt zu sein scheinen – die Vielzahl derartiger Sagen legt eine solche Vermutung jedenfalls nahe –, kommen wir in weiteren Kapiteln abermals zu Ähnlichem. Bevor jedoch nicht nur Kugeln bei gespenstischem Kegelspiel rollen, sondern auch noch wesentlich gruseligere Dinge im Spiel sind, schiebt sich noch ein absolut nicht moralisierend gemeinter Abschnitt über die Dankbarkeit ein. Beschlossen wird dieser dritte Teil mit einigen Erinnerungen ans alte Mehrerauer Kloster.

Wahrscheinlich sind auch sie nicht im Stande, das Dunkel mancher früherer Kapitel zu verscheuchen, zumal sie größtenteils auch nicht besonders erfreulich ausfallen. Dass der Leser dennoch mit dem Gefühl entlassen wird, insgesamt gut unterhalten und nicht zu oft an der Nase herumgeführt worden zu sein, das wünscht sich der Autor. Noch mehr würde er sich darüber freuen, sollte jemand der Meinung sein, beim Lesen doch tatsächlich um einiges klüger geworden zu sein.

Franz Elsensohn
Sommer 2002

STEINE DER HEILIGEN

Es war vor weit über tausend Jahren in einem nordenglischen Kloster, da äußerte ein hochbetagter, schon seit Jahren blinder Benediktinermönch den Wunsch, noch einmal einen Ausflug in die Umgebung der Abtei machen zu wollen. Ein verlässlicher Mann aus der Umgebung wurde geholt, der sich bereit erklärte ihn dabei zu begleiten, und einige Zeit später waren die beiden schon weitab des Klosters. Der Begleiter hatte gleich erkannt, dass die Tage des Ordensmannes wohl gezählt waren, doch das Gehen schien diesem keine so große Mühe zu machen, wie er es anfangs befürchtet hatte. So führte er ihn weiter und weiter, und schließlich gelangten sie in ein abgelegenes, von zahllosen Steinen übersätes Tal. Auf die Frage des Blinden, ob er denn nirgends Leute sehe, erklärte der Begleiter – wahrscheinlich um dem hochbetagten Ordensmann eine Freude zu machen –, vor ihnen befinde sich eine große Menschenmenge, die sicher auf eine Predigt warte. Sofort begann der Mönch mit lauter Stimme zu sprechen und, am Ende seiner Predigt angekommen, schloss er, wie er es gewohnt war, mit einem »In Ewigkeit!« – »Amen«, antworteten die Steine.

»Saxa loquuntur.« Steine reden. Das Auffällige, das vielen von ihnen anhaftet, hat zu allen Zeiten und überall Sagen und Legenden entstehen lassen. Sie sind nicht tote Materie, sondern lebendige Wesen, und nach alten Vorstellungen wachsen sie sogar wie die Pflanzen, Mutter Erde bringt sie hervor und gibt ihnen ständig frische Kraft.

Es war gegen Ende des 17. Jahrhunderts – so schreibt der Rankweiler Chronist Johannes Häusle – da wurde auf der »Gastra«, dem Höhenrücken östlich des Liebfrauenbergs, ein Fund gemacht, der großes Aufsehen erregte. Es war ein rötli-

Fridolinstein, Liebfrauenkirche, Rankweil

cher Quarzmarmorbrocken mit eigenartigen Vertiefungen, der wohl in grauer Vorzeit vom Walsertaler Gletscher hierher transportiert worden war. Auch die Sage erzählt von diesem Stein und weiß, er habe einst mit dem hl. Fridolin zu tun gehabt. Der sei nämlich beim Gebet *auf diesen Stein gekniet und wunderbarerweise wurde derselbe unter ihm weich wie Wachs, so daß man die Eindrücke seiner Knie noch heute sehen kann. Wer Gliederschmerzen hat, mag in dieselben knien, er wird geheilt werden.*

Interessanterweise sagt der Chronist nichts von einem solchen Wunder, vorerst jedenfalls. Er erwähnt zwar im Zusammenhang mit der Fridolinskapelle, *der darin stehende Stain ist … in dem sogenanthen Gastere Wald gefunden worden und in die Capelen übersezt worden,* fährt dann aber weiter: *Für waß er ist oder gehalten würdt, ist mir unbewußt.* Ein wunderlicher Stein ist er aber auch für ihn, und er meint, seine Vertiefungen würden sich geradezu anbieten, hineinzuknien und zu beten. Auch von Gebetserhörungen berichtet Häusle, und zwar besonders bei Arm- und Fußschmerzen. Die Legende mit dem »Weich-

Knien« des Steines durch den hl. Fridolin scheint sich damals gerade gebildet zu haben. Gegen Ende der erwähnten Chronik wird dann nämlich – ähnlich wie in der Legende – erzählt, wie der Heilige auf dem Stein Gott um Hilfe angerufen habe. *Der Stain ist waich worden wie Wax, das seine Khnie und Elenbogen seindt eingedruckht worden, wie noch zu sechen.*

Fridolin – nach der Legende ein irischer Glaubensbote – stand damals gerade vor seinem später berühmt gewordenen Gerichtsverfahren. Es ging dabei um Besitzungen, die dem Kloster Säckingen – das war seine Gründung auf einer Rheininsel – von einem gewissen Ursus vermacht worden waren. Bald darauf war dieser gestorben, und nun wehrte sich dessen Bruder und wollte von einer solchen Schenkung nie etwas gehört haben. Fridolin solle Zeugen vor den Richterstuhl bringen, am besten Ursus persönlich, hieß es auf dem Gerichtstag in Rankweil. Das wäre an sich nicht so schwierig gewesen, dass er deswegen gleich einen harten Marmorbrocken hätte weichknien müssen; Fridolins Problem war, dass dieser Ursus bereits in seinem Grab lag. In der Lebensbeschreibung des Heiligen finden sich zwar Dinge, die aufhorchen lassen, aber eine Totenerweckung traute er sich vielleicht doch nicht so ohne weiteres zu. Bei alledem muss jedoch gesagt werden, dass seine Biografie erst im 13. Jahrhundert – also rund 800 Jahre (!) nach seinem Tod – entstanden ist. Inzwischen war viel Wasser den Rhein hinunter geflossen.

Die Erwähnung des damals sicher noch ungebärdigen Stromes geschieht nicht ohne Absicht. Jenseits des Rheins, im heutigen Kanton Glarus, hatte Fridolin nämlich seinen Zeugen zu holen. Dass er dann im alten Gerichtsort Rankweil den Toten – noch gut erhalten oder bereits als Skelett – als Wahrheitsbeweis vorführte, ist in Gemälden und Andachtsbildern immer wieder dargestellt worden. Der Bericht ließe sich ohne weiteres als einen damals offensichtlich üblichen Fall einer »Klage mit dem toten Mann« verstehen. Mit dieser etwas ma-

Fridolin vor Gericht – »Emser Chronik«, 1616

kaber erscheinenden Maßnahme erhoffte sich das Gericht den Streitfall zu klären. Es war nämlich zu erwarten, dass auch der hartgesottenste Lügner im Angesicht eines Toten mit der Wahrheit herausrückte. Vielleicht war es damals – so lautet ein moderner Erklärungsversuch – auch nur um eine »Klage mit der toten Hand« gegangen, womit sich Fridolin sicher leichter tat. Er hatte dann nämlich als Beweis seiner Aussage vor Gericht lediglich die rechte Hand des Toten vorzulegen. Wie auch immer es gewesen sein mag, der Stein zeigte jedenfalls die Kniespuren des Heiligen unverkennbar, verglichen mit jenen im seltsamen Brocken vor der Seitenkapelle der Kirche von Sankt Arbogast in Götzis sogar um einiges »eindrucksvoller«.

Bevor wir jedoch den Weg durch den Klauserwald hinunter zu dieser idyllisch gelegenen alten Wallfahrtskirche nehmen, muss noch erwähnt werden, wie der »Fall Fridolin« schließlich ausging. Wenn wir uns an die bekannte Legende halten, kann man sich die Wirkung vorstellen, die der Anblick des knöchernen Begleiters auf die Anwesenden gemacht haben muss. Fast unnötig zu sagen, dass der Gegner Fridolins – er soll Landolf geheißen haben – nun klein beigab und dem Glaubensboten bzw. dem Kloster Säckingen überdies noch einen guten Teil von seinem eigenen Land dazuschenkte.

Doch nun zu Arbogast, einem weiteren Heiligen, dem ein derartiges Stein-Weichknien nachgesagt wird.

Dass seine harte Unterlage beim ersten Hinsehen etwas bescheidener aussieht, liegt vor allem daran, dass der graue Kalksteinblock vor etlichen Jahren bei einer Aufschüttung zu einem guten Drittel in die Erde geraten ist. Mit einer ausführlichen Legende kann er zwar nicht aufwarten, dafür dürfte seine Verwendung jedoch um einiges weiter in die Vergangenheit zurückreichen. Es spricht nämlich manches dafür, dass sich an dieser Stelle vor Zeiten einmal eine uralte Kultstätte befunden hat, in deren Bereich dieser Stein seine Verwendung gefunden haben könnte. In diese Richtung deutet auch der ehemalige »prachtvolle Eichenhain von bedeutendem Alter«, von dem be-

Arbogaststein, Seitenkapelle bei Sankt Arbogast, Götzis

richtet wird. Der stand hier noch in den Sechzigerjahren des vorletzten Jahrhunderts, bevor er zur Gänze niedergelegt wurde, weil man die eichenen Stämme beim Bau der neuen Pfarrkirche in Götzis benötigte.

Seine erste schriftliche Würdigung erfährt der Stein allerdings auch erst um die Mitte des 17. Jahrhunderts, als ihn Pater Gabriel Bucelin, der damalige Prior zu St. Johann in Feldkirch, in einem seiner Werke erwähnt. Nicht fern von Feldkirch, bei der Montforter Klause, werde von den Pilgern die Kirche des hl. Arbogast besucht, die wegen ihrer vielen Wunderzeichen berühmt sei. Dort werde auch ein äußerst harter Stein gezeigt, der wegen der tiefen und wunderbaren Eindrücke der Knie des Heiligen in hoher Verehrung stehe. Wenn man dann erfährt, dass im kleinen Dachboden über der Außenkapelle erst vor einigen Jahren etliche Krücken und Stelzfüße gefunden wurden, die offensichtlich von vertrauensvollen Bittstellern oder dankbaren Geheilten stammten und dort gelagert worden waren, ist man doch etwas überrascht. In der Bildlegende heißt es von der alten Wallfahrtstafel von 1651 – sie hängt heute im Inneren der Kirche –, sie sei zur größeren Andacht der *überreisenden Personen, Krummen und Lahmen, Schadhaften und dergleichen, deren allhie sehr viel Schadhaften und Kranken auf Kärren und Wägen geführt worden,* angebracht worden. Und dann wer-

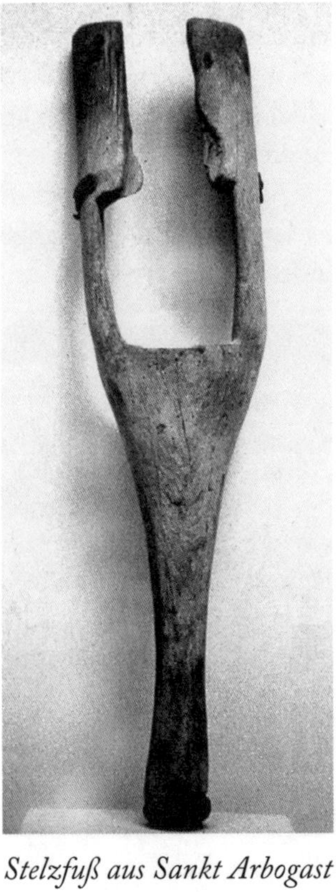

Stelzfuß aus Sankt Arbogast

den Bittsteller erwähnt, die *durch wunderbare Mirakel und sonderbar Fürbitt des hl. Patronen Arbogasti widerum ganz gesund worden, von dannen gangen und ihre Krücken allhie gelassen, wie sie zu sehen.* In alter Zeit hingen diese offensichtlich überflüssig gewordenen Gehbehelfe tatsächlich noch im Vorzeichen der alten Wallfahrtskirche. Auch wenn ein Schriftwort von einem Berg spricht, der sich emporhebe und ins Meer stürze – entsprechender Glaube vorausgesetzt –, so fordert die entsprechende Textstelle der Tafel dem heutigen Leser doch einiges an Gutgläubigkeit ab.

St. Arbogast, Schluss-Stein im Chor

Wer dann selbst versucht, es den Wallfahrern und Hilfesuchenden von früher nachzumachen, und sich in den Stein niederlässt, wird feststellen, dass die etwas ungewohnte Kniestellung dabei doch etwas Mühe macht. Seit der bekannte Stein nicht mehr wie früher allzu oft benützt wird, hat er sich eine helle Patina zugelegt, die nur dann für einige Zeit einem dunklen Schwarz weicht, wenn gelegentlich einmal eine ganze Hochzeitsgesellschaft sich dazu herbeilässt, den alten Brauch des Sich-Hineinkniens aufleben zu lassen.

Das Stichwort »Hochzeit« mahnt zu erwähnen, dass in früheren Zeiten auf diesem Stein sicher auch mancher Wunsch nach einem passenden Ehepartner geäußert wurde. Er richtete sich selbstverständlich an den Kirchenpatron, der war nämlich in solch heiklen Angelegenheiten eine gute Adresse:

»Heiliger Arbogast, gib mir, was du hast,

ob mager oder feist, wenn es nur Männle heißt!«, hieß es dann vertrauensvoll, und der ehemalige Straßburger Bischof tat sicher sein Möglichstes. So erzählte man es sich jedenfalls gern augenzwinkernd bis in die jüngste Vergangenheit.

Ob nicht alles ganz anders gemeint war?

Vermutlich waren auch bei uns in ältesten Zeiten jene Bräuche bekannt, bei denen man über Steine, die eine Rutschfläche aufwiesen, hinabglitt und dadurch in direkte Berührung mit den Kräften der Gottheit kam, die den Stein bewohnte. Mädchen rutschten dabei – meist nachts – mit bloßem Gesäß, um im gleichen Jahr einen Mann, und junge verheiratete Frauen, um Kinder zu bekommen.

Natürlich war der Stein von Sankt Arbogast keiner dieser berühmten Steine, bei denen die »Glissade«, dieses Rutschen, ausgeführt werden konnte, dafür war er von vornherein viel zu klein. Aber außer in ihn hineinzuknien war doch noch einiges möglich. Bei alledem muss mitbedacht werden, dass er, wie bereits erwähnt, ursprünglich um einiges weiter aus der Erde geragt hat. Vielleicht war auch anderer intimer Kontakt mit solchen Kultobjekten Erfolg versprechend, und dabei könnte der Arbogaster Brocken durchaus gefragt gewesen sein. Durch Reiben des Nabels und Bauches wurde die Kraft eines derartigen Steines nämlich ebenfalls übertragen. Dass im Mittelalter solche Steinkulte erloschen – oder besser gesagt zum Erlöschen gebracht wurden – ist nicht überraschend, bekamen doch auch andere »heidnische« Bräuche in Heiligenlegenden neue Deutungen. Das war schließlich jene Methode, die sich zur Zeit der christlichen Missionierung als diejenige herausstellte, die am meisten Erfolg versprach. Wenn dann wie im Fall Sankt Arbogast der Stein auch materiell in die Kirche miteinbezogen worden war, konnte sich sein einstiger Kult wohl wirklich nur noch im bereits erwähnten Wunsch nach Männern um jeden Preis, einerlei »ob mager oder feist«, bis in die heutige Zeit erhalten.

Die Tatsache, dass der Bischof von Straßburg in keiner seiner Legenden auch nur andeutungsweise als Heiratsanwalt oder -vermittler auftritt, erscheint seltsam. Er berät einen König, er erweckt dessen toten Sohn wieder zum Leben, er geht trockenen Fußes über einen Fluss usw., alles nicht gerade Dinge, die ans Heiraten denken lassen. In der Literatur wird er als erster Franke auf dem Bischofsstuhl von Straßburg bezeichnet. Nur wenige Kilometer südlich von dieser Stadt hat gut eineinhalb Jahrhunderte später die hl. Odilia (Ottilia) gelebt. In einer Kapelle auf dem Sainte-Odile, dem »heiligen Berg des Elsass« befindet sich ebenfalls ein Stein mit Kniespuren. Odilia ist die Schutzherrin des Elsass, Arbogast der Diözesanpatron dieses Landes, ein Zusammenhang wäre denkbar. Unter den Votivtafeln, die ehedem in der offenen Vorhalle von Sankt Arbogast zu sehen waren, befand sich auch eine aus dem Jahr 1832, auf der sowohl dem Kirchenpatron als auch der hl. Ottilia gedankt wurde, eine deutliche Nahbeziehung der beiden. Während von Arbogast außer dem »Stein-Weichknien« keine weitere Legende überliefert ist, die mit dem harten Fels zu tun hat, wird von der Äbtissin noch mehr dieser Art berichtet. Im Verlauf einer der vielen Auseinandersetzungen mit ihrem herzoglichen Vater flüchtete sie vor diesem. Da öffnete sich vor ihr plötzlich ein Felsspalt, in dem sie sich verbergen konnte. Ähnliches wird auch von der hl. Barbara berichtet, die es deswegen auch zum Patronat der Bergleute gebracht hat.

Odilia war Elsässerin, und Barbara soll in Kleinasien, der heutigen Türkei, nahe beim Marmarameer gelebt haben. Kehren wir in unser Land zurück!

Es ist nicht leicht zu glauben, was im Folgenden von einem der ersten Glaubensboten unserer Bodenseegegend berichtet wird, aber wer sich ein wenig mit Heiligenlegenden beschäftigt hat, wird nicht so schnell aus der Fassung gebracht werden. Der Missionar, es handelt sich um den hl. Gallus, soll sich als Ruhelager einen – Stein ausgesucht haben. Genauer gesagt war es eine Sandsteinplatte, immerhin eine etwas weichere Sorte. Ob sie ihre Vertiefungen in der Form eines menschlichen Körpers schon aufwies, als Gallus sie fand, oder ob er ihr sozusagen seinen Stempel aufdrückte, lässt sich nie mehr klären; für Nach-

St. Gallus predigt zu Bregenz, »Emser Chronik«, 1616

prüfungen an Ort und Stelle ist es zu spät, denn von der seltsamen Platte ist schon längst nichts mehr zu finden. Hätte Gallus sie nicht als Ruhelager benutzt, wer weiß, vielleicht wäre er damals ums Jahr 612 mit seinem Meister Kolumban nach Italien gereist. Beiden war um diese Zeit gerade vom Alamannenherzog aus Überlingen dringend nahe gelegt worden, aus Bregenz und überhaupt aus seinem Gebiet zu verschwinden. Kolumban war bereits reisefertig, da behauptete Gallus, er sei krank, er habe heftiges Fieber und könne deshalb die beschwerliche Reise über die Alpen nicht antreten. Wahrscheinlich sagte er die Wahrheit – schließlich war ein angehender Heiliger –, doch es spricht auch einiges dafür, dass er einfach nicht mitgehen wollte. Sein irischer Meister scheint Gallus durchschaut zu haben, für ihn war das, was sein Schüler hier vorbrachte, wohl reiner Ungehorsam, und er verbot ihm die Messe zu lesen, jedenfalls solange er, Kolumban, lebe.

Um wieder auf den Stein zurückzukommen: Es wäre gut denkbar, dass sich Gallus beim regelmäßigen Liegen auf dem kalten Lager ordentlich erkältet hatte. Andererseits werden sich Jahrhunderte später Pilger, die vom »schüttelnden oder kalten Fieber« ergriffen worden sind, ausgerechnet auf diese kühle Unterlage legen, um geheilt zu werden.

Kaum war Kolumban aufgebrochen, hielt es auch den fieberkranken Gallus nicht mehr länger am Bodensee. Er packte sein Fischerwerkzeug in ein Boot, fuhr nach Arbon hinüber und kurierte sich zuerst einmal aus. Später zog er in die Einöde an der oberen Steinach und baute dort eine einfache Unterkunft. Bald als Ratgeber beim Volk beliebt, lebte er hier mit einer Schar Gleichgesinnter nach der Regel seines einstigen Gefährten Kolumban. Hochbetagt starb er an einem 16. Oktober zwischen 630 und 650. Seinen Todestag kannten in früheren Zeiten bestimmt alle jene, die mit bäuerlicher Arbeit und Tieren zu tun hatten, galt doch: »Nach Sankt Gall' ghört d' Kuah in Stall!«. Besonders gut geläufig war sein Tag aber auch der dörflichen Jugend, denn nach »Gallitag« war Obst, das sich noch auf den Bäumen befand, Allgemeingut: »Galli ist gsi, was uf da Bömma ist, ghört mi!«, hieß es dann.

Auf der Suche nach seinem legendären Stein werden wir auch in der so genannten »Emser Chronik«, dem ersten in unserem Land gedruckten Buch, fündig. Dort heißt es nämlich von unserem Glaubensboten in Bregenz: »... er hat auch ein zeitlang daselbst gewohnet onder dem Schloß Bregentz / bey einem Felsen St. Gallen Stein genandt / dessen anzeigungen noch im selben Felsen gesehen werden.« Genaueres erfahren wir durch einen Hinweis des K. K. Kreisamtskanzlisten Josef Gebhard Roder, der vor etwa hundert Jahren in seinem schmalen Bändchen »Bregenz vor 50 Jahren« von der Sankt-Gallenstein-Kapelle an der Siechensteig schreibt. In ihrem Inneren sei vorne im Presbyterium auf der linken Seite ein großer Felsen mit einer Höhlung zu sehen gewesen. In dieser solle der hl. Gallus während seines Aufenthalts in Bregenz gewohnt haben. Auf Ansichten der Stadt aus dem 17. Jahrhundert ist die Sankt-Gallenstein-Kapelle gut zu erkennen. Ihre letzte Stunde kündigte sich an, als sie auf Anordnung von Kaiser Josef II. gesperrt wurde. Zwanzig Jahre später, im Jahre 1808, war es dann so weit: Sie wurde von der bayerischen Regierung als überflüssig verkauft und bald darauf abgebrochen. Die Gallusgrotte ließ ihr neuer Besitzer einige Jahrzehnte später sprengen, und die so gewonnenen Steine verkaufte er als Baumaterial nach Lindau, wo sie wahrscheinlich beim Bau des Hafens Verwendung fanden. Das erinnert an jene Steinquader aus dem alten Benediktinerkloster Mehrerau, denen dieses Schicksal schon früher beschieden war. Von ihnen wird noch einmal die Rede sein.

Hohenbregenz und St. Gallenstein (H) – M. Merian, 1643 (Ausschnitt)

Auch der eigentliche »Gallusstein« fiel der aufgeklärten Zeit zum Opfer. Diese wusste mit solchen Dingen nichts anzufangen, und so wurde er zerschlagen. Ein Augenzeuge beschreibt ihn als »Sandsteinplatte in der Form eines länglichen Vierecks, in der deutlich der Abdruck eines liegenden menschlichen Körpers sichtbar war«. Nach alter Überlieferung soll der »Fieberstein« dagegen ebenfalls nach Lindau befördert und dort zum Hafenbau verwendet worden sein.

Eine Sage erzählt, Gallus habe bereits hier im alten Bregenz *mit samt seinem Bären* gewohnt. Wäre dies der Fall gewesen, hätte der Glaubensbote wohl auf seine steinerne Unterlage verzichten und sich zumindest in den kalten Nächten ans warme Fell seines zottigen Gefährten und Untermieters drücken können. Doch so idyllisch dürfen wir es uns nicht vorstellen, schließlich tauchte Meister Petz – jedenfalls laut der Lebensbeschreibung des Glaubensboten – erst später drüben in der Schweiz an der Steinach auf, um vom Heiligen sein Brot zu bekommen. Außerdem hörte er gleich darauf auch schon dessen Befehl, sich anschließend zu trollen. Von einem Zusammenleben also keine Rede!

Endgültig Abschied nehmen wollte der Glaubensbote dann schließlich aber weder von den Steinen noch von den Bären. Während vom Bregenzer »Gallusstein« schon längst nichts mehr zu sehen ist, befindet sich in Arbon, links des Portals der Galluskapelle (neben der Pfarrkirche St. Martin), eine eingelassene rohe Steinplatte. Deutlich sind in ihr zwei fußförmige Vertiefungen zu erkennen. Sie sollen von Gallus herrühren, der hier im Jahre 637 zum letzten Mal gepredigt habe. Da sei der Teufel in der Gestalt eines Bären aufgetaucht und habe auf

Gallusstein, Galluskapelle, Arbon

jenem Stein mit dem Gottesmann gekämpft. Prompt sei die Unterlage in der Hitze des Kampfes so weich geworden, dass die Fußabdrücke des Heiligen zurückgeblieben seien.

Auch Kolumban, dem Gallus die Gefolgschaft aufgekündigt hatte, kann mit einem Stein aufwarten, allerdings ohne direkt mit ihm zu tun gehabt zu haben. Der Glaubensbote war nach der unerfreulichen Szene mit seinem Schüler tatsächlich noch im hohen Alter von 70 Jahren mit einigen seiner Mönche über die Alpen ins langobardische Oberitalien gezogen. Dort hatte er südlich von Piacenza sein letztes Kloster gegründet und war zwei Jahre später im November 615 gestorben. Fast vergessen ruht er heute in der Krypta der Pfarrkirche von Bobbio. Sein Wanderstab – so heißt es – sei später an Gallus überbracht worden, doch es ist dies ebenso eine Legende wie manches andere in seinem Leben. Dass dagegen im November des Jahres 1985 – 1370 Jahre nach seinem Tod – von Bischof Barabino aus Bobbio Reliquien des Heiligen nach Bregenz gebracht worden sind, entspricht den Tatsachen.

Basaltstein aus Bangor bei St. Kolumban, Bregenz/Weidach

Neben der St. Kolumbankirche im Weidach befindet sich ein mächtiger Basaltstein. Er stammt vom Meeresufer der nordirischen Stadt Bangor und ist bereits ein Jahr zuvor von dort hierher transportiert worden. Der imponierende Brocken ist ein Geschenk dieser Stadt, in der Kolumban mit zwanzig Jahren ins gerade gegründete Kloster eingetreten und von der er mit knapp fünfzig Jahren mit zwölf Gefährten aufgebrochen war, um in der Ferne als Glaubensbote zu wirken.

Während für den Transport dieses rund zwei Tonnen schweren Geschenks ein entsprechendes Gefährt der Fa. Weiss eingesetzt werden musste, um ihn auf seiner Weiterreise von Dublin nach Bregenz zu bringen, sind andere Steine ähnlicher Größe von Mutter Natur selbst an ihre Plätze gerückt worden, einen von ihnen wollen wir im Folgenden aufsuchen.

Unmittelbar an der Straße von Bürs nach Bürserberg fällt wohl jedem Vorbeifahrenden der Petersstein auf. Natürlich hat der mächtige Findling mit seinen 4 m Höhe und 6 m Breite nicht direkt mit dem Apostel zu tun gehabt; dessen Bildnis auf einer Tafel soll lediglich daran erinnern, dass hier an dieser Stelle vor Zeiten die pfarrliche Grenze zwischen den beiden erwähnten Gemeinden gezogen worden ist. Außerdem ist noch ein Hahn abgebildet. Petrus – wäre er gefragt worden – hätte wahrscheinlich nicht darauf bestanden, dass der Kräher ebenfalls auf die Tafel kam, erinnerte er ihn doch daran, wie er einst seinen Herrn gleich dreimal verleugnet hatte.

Peterssstein, Bürs

Absolut nichts mehr mit einem Heiligen hat der letzte große Brocken dieses Kapitels, der so genannte »Opferstaa« in Satteins, zu tun. Weil aber sowohl sein Name als auch sein Aussehen zumindest an religiöse Feierlichkeiten denken lassen, mag er hier ebenfalls einen Platz bekommen.

Man glaubt seinen Augen nicht zu trauen, wenn man dort nichts ahnend im »Oberholz« etwas abseits vom Güterweg

»Opferstaa«, Satteins, 2000

durch den Wald geht und mit einem Mal vor einem mächtigen Steinblock mit zwei treppenartigen Absätzen steht. Früher habe man sogar munkeln gehört, hier seien in längst vergangenen Zeiten einmal Messen gelesen worden. »Tatsächlich sieht das Gebilde einem Altar verblüffend ähnlich«, meint auch ein Fachmann, fährt dann jedoch ernüchternd weiter, das Ganze sei aber als zufällige Flyschbildung ohne künstliche Bearbeitungsspuren anzusprechen. Auch wenn es heißt, beim Ausheben eines Fuchsbaues in der Nähe seien einmal ein goldener Kelch und eine Patene zum Vorschein gekommen, möchte man solches eher einem Spitzbuben und Kirchendieb in die Schuhe schieben als es in Beziehung zu diesem Stein bringen.

Wesentlich näher sind die Beziehungen zwischen Steinen und dem gerade erwähnten wertvollen Edelmetall dagegen bei jenen geheimnisumwitterten Wesen, um die es im nächsten Kapitel gehen soll.

VON DEN VENEDIGERN

Ich wohn' in einer großen Stadt, in einem Zauberschlosse, mir warten tausend Diener ab, im Stall die schönsten Rosse.

So singt das Venedigermännlein im Singspiel »Die drei Schwestern« des Montafoner Dichterkomponisten Bruno Wiederin. Natürlich denkt man beim Namen des Männchens gleich an die berühmte Lagunenstadt an der Adria, und tatsächlich sollen diese geheimnisumwitterten Fremden von dorther gekommen sein. Daraus machten sie auch kein Geheimnis; das schwarze Männlein, das sich oft auf der Alpe Vilifau hinten im Rellstal sehen ließ, erzählte zum Beispiel einmal einem Hirten, *in seiner Heimat seien die Straßen mit Marmor gepflastert und die Häuser mit goldenen Ziegeln gedeckt.* Bei Letzterem wird dieser Venediger wohl kräftig geflunkert haben, denn wäre es so gewesen, hätten er und die anderen, die ihre Suche nach Edelmetall bis hierher geführt hatte, gleich daheim bleiben können. Aber geglaubt wurde Derartiges wahrscheinlich. Sicher beein-

Alpenmandl
Matthäus Schiestl, 1915

druckte die Zuhörer bereits die bloße Erwähnung des Namens Venedig. Menschen, die seit jeher gezwungen waren, unter größter Mühe dem Boden kärgliche Schätze abzuringen, musste der Reichtum dieser Stadt so riesig erscheinen, dass sie ihn in den Bereich der Fantasie rückten. Offensichtlich hatten deren Einwohner aber doch noch nicht genug davon, und so kamen sie hierher und suchten, was sie bei uns zu finden hofften: Gold, Silber und Edelsteine. Dass sie sich deshalb besonders in jenen gebirgigen Gegenden unseres Landes sehen ließen, in denen sie eher fündig zu werden glaubten, liegt nahe. Und tatsächlich, der einzige Venediger, der laut Sage außerhalb der Bergtäler einmal auf den Höhen von Satteins herumirrte, war auf der Flucht, da er in seiner Heimat als vogelfrei erklärt worden war. Einige Berichte wissen zwar auch vom Auftreten der geheimnisvollen Fremden im Bregenzerwald, die meisten aber haben das Montafon als Schauplatz.

Um gleich von allem Anfang an klarzustellen, dass wir es bei den »Venedigern« nicht etwa nur um eins der vielen Sagenthemen zu tun haben, mag an dieser Stelle auch mit Josef Zösmair ein Mann erwähnt werden, der in der landesgeschichtlichen Forschung einen erstrangigen Platz einnimmt. In der Einleitung seiner Schrift »Die Bergnamen Vorarlbergs« erwähnt er als früheste Namensgeber neben Jägern, Sennen, Hirten, Erzgräbern und Leuten, die von einem Tal ins andere am kürzesten über die Jöcher mussten, auch ausdrücklich die »Venediger«.

Wer waren diese sagenhaften Männlein? So wie es heute aussieht, gibt es dafür leider keine befriedigende Erklärung, und es bleibt dem Leser überlassen, wie weit er den folgenden Ausführungen Glauben schenkt.

Einiges für sich hat die Deutung, dass es sich bei ihnen um Romanen aus den Südalpen handelte, die als Bodenschätze erkundende Fachleute die Bergwelt durchstreiften, um nach Edelmetallen zu schürfen oder mindestens nach ihnen zu suchen; Prospektoren, um es vornehm auszudrücken, goldhungrige Italiener, um es gröber zu formulieren, wobei mit Italiener nicht etwa nur die Bewohner der Apenninenhalbinsel gemeint sind, sondern »Welsche«, also ebenso Franzosen, Schweizer (franz.) oder überhaupt landfahrendes Volk.

Venediger beim Goldwaschen
Holzschnitt, 1556

Dass gerade die Italiener im 16. und 17. Jahrhundert, was Metallverarbeitung anlangt, den Menschen nördlich der Alpen einiges voraus hatten, ist unbestritten. Möglicherweise kannten sie die Technik des Gewinnens eines leichter schmelzenden Metalls aus Metallverbindungen bereits im 12. Jahrhundert, es wäre gut denkbar, dass sie Derartiges durch ihre guten Beziehungen zum Orient von den Arabern gelernt hatten.

Im Steiermärkischen Landesarchiv befindet sich ein von Hand geschriebenes so genanntes »Walenbüchlein« – die Venediger wurden dort gern auch als Walen bezeichnet – aus dem 17. Jahrhundert. Neben einem Verzeichnis jener Stellen in der Steiermark, in Kärnten und Salzburg, an denen man Bergschätze finden könne, enthält es eine ganze Reihe von Empfehlungen, die bei der Suche zu beachten seien: Besondere Tage mussten eingehalten, bestimmte Gebete verrichtet werden. Von einem frischen Grab wurden drei Hände voll Erde genommen und diese dort ausgestreut, »wo die Grueben sein soll«. Und ja nicht zu vergessen: Sich während der Arbeit umschauen war ganz verkehrt, denn »sonsten ist's umsonst«. Das Beste aber kommt erst: An vielen der im Büchlein angegebenen Stellen wurde im Lauf der Jahrhunderte tatsächlich Erz, zumeist Silber und Gold, gefunden und auch abgebaut.

Beim Interesse der Venediger für besondere Steine braucht indes keineswegs immer an Edelmetall gedacht zu werden, schließlich waren in der Stadt, die so viel mit den schönen Künsten zu tun hatte, auch Mineralien und Halbedelsteine gut absetzbar, brauchten doch beispielsweise die zahlreichen Malschulen ständig solche Rohstoffe zur Herstellung von Farben und Mosaiksteinchen. Außerdem war Venedig im 16. Jahrhundert auch Hauptstätte der Spiegelerzeugung, und jene Sagen, die gerade die Venediger mit Berg- und Zauberspiegeln ausstatten, bewahren ganz offensichtlich die geschichtliche Erinnerung daran. Noch im 19. Jahrhundert waren Glasspiegel auf dem Land, wo nicht städtischer Einfluss wirkte, eher selten. Allein, dass solche Geräte alles seitenverkehrt zeigten, war bereits geeignet, einem naiven Betrachter nahe zu legen, dass hier nicht alles mit rechten Dingen zugehen mochte. Und wenn so ein Spiegel schon in der Lage war, dem Beschauer auch jene Dinge zu zeigen, die sich hinter ihm befanden, warum sollte er dann nicht auch weit Entferntes sichtbar machen können! Man kann sich gut vorstellen, wie verblüfft eine Sulzbergerin war, als ihr im Jahre 1627, zur Zeit des Dreißigjährigen Krieges, ein junger Bursch aus dem benachbarten Hermannsberg ankündigte, »er wolte in einem Spigel sy sehen lassen, was im Weltschland für Soldaten umbkommen weren«.

Bei den Zauberspiegeln unserer Sagen könnte es sich um Berylle oder Bergkristalle gehandelt haben, wirkten diese doch leicht vergrößernd und konnten gut als Lupe eingesetzt werden, um einen verdächtigen Stein besser untersuchen zu können. Sah nun ein ahnungsloser Beobachter einen Venediger, der sich eifrig über offensichtlich wertloses Gestein beugte, so folgerte er, man könne mit solchen Hilfsmitteln eben auch ins Erdinnere sehen.

So dachte sich wohl auch jener Hirtenbub, der so ein fremdes Männlein einmal beim Steinesammeln beobachtet hatte. Das Ganze war ihm ziemlich dumm vorgekommen, und das hatte er auch halblaut vor sich hingesagt. Dem Venediger aber war es doch zu Ohren gekommen und er hatte gebrummt: »*Du blöder Bub, wirfst oft einer Kuh einen Stein nach, der mehr wert ist als die ganze Kuh!*« Das hatte sich der Hirtenbub gesagt sein lassen und war dann ebenfalls auf die Suche nach derartigen Stei-

Hirtenknabe und Venediger – Wilhelm Stumpf, 1910

nen gegangen. *Als er schon einen wackeren Haufen zusammengebracht hatte, ging er damit in die Welt, um sie an den Mann zu bringen, aber niemand wollte sie ihm abnehmen.* Schließlich kam er auf seiner Reise bis ans Meer und auch nach Venedig. Hier schien sich sein Wunsch, die mitgebrachten Steine gut zu verkaufen, doch noch zu erfüllen. Kaum hatte er sie nämlich dem erstbesten noblen Herrn angeboten, war er von diesem in sein Haus gebeten worden. Über breite Marmortreppen kamen sie in einen großen, goldprunkenden Saal, und hier traf er einen weiteren vornehmen Herrn – den Steinesammler von früher. Doch er kam aus dem Staunen gar nicht mehr heraus, denn gleich darauf wurde er vor einen großen Spiegel geführt und konnte darin seine eigene Familie erkennen. Als er diese gerade beim Mittagessen um den Tisch sitzen sah, packte ihn das Heimweh schon ordentlich. Schließlich wurde er reichlich entlohnt, allerdings auch gewarnt, noch einmal nach Venedig zu kommen. Das aber hatte er ohnedies nicht im Sinn. Vom Erlös seiner Steine sei er ein wohlhabender Mann geworden und es auch geblieben, weiß die fantasievolle Sage. Wie es der Hirtenbub geschafft hatte, mit seinem Sack Steine »in die Welt« und nach Venedig zu kommen, wird nicht näher erklärt.

Erst recht nicht wird in solchen Gold-Geschichten etwas über jene Beziehungen der Venediger gesagt, die ihnen in den Erzählungen immer wieder nachgesagt werden: jene zu den Drachen. Dass Derartiges von vornherein zwiespältig sein musste, ist nicht überraschend, schließlich handelte es sich bei diesen urweltlichen Tieren um die Konkurrenz. Drachen sind bekanntlich bewährte Schatz- und Goldhüter.

Auch jene sieben, die einst in den verlassenen Höhen des Gottesackergebiets horsteten, beschäftigten sich hauptberuflich mit dieser Aufgabe, wenn auch ohne davon etwas zu ahnen. Das große Plateau, das sich nördlich vom Hohen Ifen herabzieht, gehört zu den eindrucksvollsten Karstlandschaften unserer Umgebung. Nicht verwunderlich, dass sich die Men-

Drache – H. Tischler, 1935

schen von dieser wilden und rauen Gegend manche Sage erzählten, unter anderem auch jene von den erwähnten Drachen. Sie hätten in den Höhlen und Schächten gehaust, allerdings ohne vom Gold, das sich dort befand, etwas zu wissen. Die Venediger aber, die wussten davon, denn sie hatten alles ausgekundschaftet. Weil das Ganze eine größere Sache zu werden versprach, wollten sie nicht auf eigene Faust vorgehen. Sie waren deshalb bei ihrem König vorstellig geworden, und dieser hatte gleich darauf sieben von ihnen, besonders fähige Leute, ausgeschickt. Die Sage nennt sie die größten »Lügenschüppel«, schließlich ging es ja darum, die Drachen unter irgendwelchen Vorwänden zum Abzug zu bewegen. Die Kerle machten ihre

Sache nicht schlecht: *Sie redeten sieben Tage und sieben Nächte auf sie ein, Arabien berge alle Schätze, die man nur immer begehre, bis die Drachen davon überzeugt waren und sich nach dem fernen Wunderland aufmachten.*

Das mehrmalige Erwähnen der Sieben darf sicher der überragenden Stellung dieser Zahl zugeschrieben werden. Nicht zufällig auch wird in der Sage Arabien genannt, ein Land, von dem immer wieder Wundersames erzählt wurde, gerade wenn es um Schätze ging.

In anderen Berichten, in denen die seltsamen Fremden mit Drachen zu tun haben, besteigen sie sogar diese urweltlichen Tiere und brausen auf ihnen durch die Lüfte davon wie beispielsweise der »Venediger auf dem Blasenggenberg«.

Der Südabfall der Blasenka ins Große Walsertal zeigt ein zerklüftetes Erscheinungsbild. Dieser Teil des Berges befindet sich in ständiger Bewegung, da er langsam auf seiner Unterlage in Richtung Buchboden abrutscht. Oben, auf der grasbewachsenen Mulde zwischen Gipfelgrat und Südabbrüchen, bilden sich immer wieder mehr oder weniger breite Spalten, die teilweise mehrere hundert Meter lang sind. Die Menschen des Tals konnten sich in früheren Zeiten die spürbare Unruhe im Innern des Berges eigentlich nur so erklären, dass hier möglicherweise solche Venediger unterirdisch nach Erzen oder Edelsteinen schürften und dabei solche Veränderungen hervorriefen. Oder es waren eben – was Gott verhüten möge! – Drachen, deren Bewegungen zu den oft beobachteten Erschütterungen des Berges führten. Warum dabei gleich an diese urweltlichen Tiere gedacht wurde, lag vor allem an der gewaltigen Kraft, die hinter den Spaltenbildungen und Felsabbrüchen stecken musste, außerdem waren es neben den fahrenden Schülern ja genau die Venediger, die mit den Feuer sprühenden Untieren umgehen konnten.

Und wie sie das konnten! Man hatte es sicher noch gut in Erinnerung oder zumindest davon erzählen gehört, wie in

Sonntag draußen ein Drache unter Mensch und Vieh gehaust hatte; *da kam unerwartet ein Venedigermännlein, setzte sich ohne Furcht und ohne zu zaudern auf das Ungetüm und ritt darauf durch das Lutztobel hinaus. Unter der Lutzbrücke schwenkte es noch einmal zum Gruß seinen Hut, und seit dieser Zeit wurde von dem Drachen nichts mehr gesehen.*

Lutzbrücke – Jakob Jehly, 1876

Gelegentlich heißt es auch, Venedigersagen seien möglicherweise eine Erinnerung an vor- bzw. frühgeschichtlichen Bergbau. Die Bergleute dieser Zeit, die sich durch ihr Gewerbe von den einfachen Bauern der Umgebung unterschieden hätten, seien deshalb für die Sagenbildung interessant geworden. Tatsächlich lässt sich der Bergbau nach den neuesten archäologischen Grabungen auf der prähistorischen Höhensiedlung »Platta« in Bartholomäberg in derart weit zurückliegender Zeit vermuten. Es ist allerdings auffallend, dass »unsere« Venediger kaum einmal mit Stollen und dgl. in Verbindung gebracht werden, fast immer geht es in den Sagen um einzelne Männlein, die sich auf der Suche nach wertvollen Steinen befinden.

Meistens wurde das Gold auch nicht geschürft, sondern gewaschen. So dürfte es auch jenes Männle in einer der bekanntesten Sagen unseres Landes gehalten haben, das »vor urdenklichen Zeiten« auf der Garsellanegg sein Goldwässerle geschöpft hat.

»Das Männle kann mehr als fünfe zählen«, meinte ein Hirt, der es einmal dabei beobachtet hatte, vor allem, als er sah, wie es gleich darauf wie ein Vogel davonflog. Es geht um jenen bekannten Venediger, der in der Nähe seiner Goldquelle drei Frastner Mädchen überraschte, die dort gerade am Erdbeeren waren. Dass die Begegnung ausgerechnet an einem hohen Feiertag stattfand, gibt der Sage eine Wendung auf ein Gebiet, das in anderen Berichten dieser Art keine Rolle spielt. Dass nämlich ein solcher Goldsucher – mit seiner ohnehin zweifelhaften Herkunft und seinen noch zweifelhafteren Verbindungen – als Werkzeug des Himmels die drei Sonntagsfrevlerinnen bestraft und zu *drei garrega Schröfa*, unseren bekannten Drei Schwestern, verzaubert, ergibt keinen rechten Sinn. In der Sage fährt der Venediger die drei Mädchen an: *»Was tut ihr da?« Die sind ganz verdattert und haben einander ganz verschmöht angeschaut und gesagt: »O*

Das Venedigermännlein und die drei Schwestern – Hans Bertle, 1924

nut!« Drauf sagt der Venediger: »So sollt ihr auch nichts anderes werden als drei Schröfen, daß ich mein Goldwässerle drunter verstecken kann.«

In der Sage geht es dem Männle nur um ein Versteck für sein Goldwässerle, dazu hätte es ja nicht gleich dreier Schröfen bedurft. Die Vermutung, es handle sich beim Thema des Fernbleibens von der Sonntagsmesse um einen späteren Zusatz, hat einiges für sich.

Männle, Goldwässerle, Kübele ... Es scheint sich auch bei diesem Venediger um ein kleingewachsenes Wesen gehandelt zu haben. Auch sonst ist in ähnlichen Berichten meist von Männlein die Rede, gelegentlich sogar von »kleinen Männlein«. Womit noch eine weitere Spur aufgenommen werden könnte.

Während gleich jenseits des Rheins am Gonzen bei Sargans und unweit von Sennwald Zwerge gesehen worden seien, findet sich die Bezeichnung »Zwerg« kaum in einer unserer Sagen. Eine Erzählung von »ganz kleinen Leuten« indes, den Venedigern im Hittisberg, hat große Ähnlichkeit mit einer Zwergensage. Dass diesen Wesen der gekonnte Umgang mit Metallen nachgesagt wurde, lässt sich in fast allen alten Kulturen verfolgen. Die Schmiedezwerge im alten Ägypten sind nur eine Gruppe von zahlreichen dieser Art. Auch den Etruskern sollen die Geheimnisse der Schmiedekunst von einem Zwerg beigebracht worden sein, und die alten Griechen stellten sich ihren Schmiedegott Hephaistos als hinkenden, buckligen Zwerg vor. Bei den Germanen schließlich schmiedeten Zwerge die Schwerter und Helme für Helden und Götter und hielten auch deren Frauen durch ihre Goldschmiedekünste bei Laune. Der Norden – in puncto Metallgewinnung und -verarbeitung offensichtlich im Rückstand – scheint auch damals von solchen Wesen, deren Ursprung vielleicht im Mittelmeerraum lag, abhängig gewesen zu sein. Mit den sieben Zwergen in »Schneewittchen« haben wir wohl die letzten Nachkommen germanischer Schmiedezwerge vor uns.

Oft habe man es im Vorderwald hinter dem Hittisberg *klocken und hammern gehört. Dort haben nämlich vor uralten Zeiten in Flühen und Höhlen die Venediger gehaust. Das sind Männlein gewesen, ganz kleine Leute, fromm und gescheit. ... Sobald es aber Winter geworden ist, so sind die Leutlein fort, man hat nicht gewußt wohin, und im Frühling sind sie wieder gekommen, man hat nicht gewußt woher. ... Manchmal sind sie in einschichtigen Häusern zur Stubet (auf Besuch) gegangen, haben aber nicht viel geredet, ausgenommen, sie haben den Leuten einen guten Rat geben können, und das haben sie auch gern getan.*

Silberbergwerk – Chronik des Johannes Stumpf, 1546

Würde nicht ausdrücklich das »Klocken und Hammern« erwähnt, so wäre man bei dieser Beschreibung wohl geneigt, an Wildleute oder gar an Heinzelmännchen zu denken, und Franz Josef Vonbun hätte wohl gesagt: »Das klingt ganz nach einer Zwergensage.«

Dass Zwerge schließlich auch gern als Kobolde bezeichnet wurden, bringt uns von diesen als »fromm und gescheit« geschilderten kleinen Wesen wieder zum Thema »Bergwerk« zurück. Zünftige Bergleute waren nämlich der Meinung, in den Schächten hause ein kleiner Berggeist, der böses Wetter mache, das Silber heimtückisch raube, das Erz verschlechtere usw. Als sie schließlich auch Gestein fanden, das wie Kupfer aussah, beim Schmelzen aber kein brauchbares Metall ergab und außerdem noch einen bösen Giftrauch entwickelte, glaubten sie, das tückische Bergmännlein habe sie mit unnützem Metall betrogen. Sie bezeichneten deshalb das neue Mineral mit dem Namen des Berggeistes und nannten es ärgerlich »Kobalt«. Ähnliches galt auch für ein anderes schönes Mineral, aus dem trotz seiner viel versprechenden Farbe mit aller Mühe kein Kupfer herauszubekommen war; es wurde »Nickel« genannt, auch dies eine der vielen Bezeichnungen für einen derartigen kleinen Geist.

Bleibt noch die Frage zu beantworten, was aus dem eingangs erwähnten für vogelfrei erklärten Venedigermännlein in Satteins passiert ist. Es hatte nach seiner Flucht auch bei uns keine Ruhe und man trachtete ihm nach dem Leben. Als es schließlich eingefangen worden war, bot es seinen Häschern an, sie zu einem Goldbrünnlein zu führen oder ihnen eine lange, lange goldene Kette zu machen. Es half ihm nichts, *man tötete das Männlein und schickte die Nachricht nach Venedig. Auf diese Todesanzeige kam von dort die Antwort zurück: »Ihr habt den Vogel gehabt, hättet ihr ihn gerupft!«*

Unheil schwebte stets über jedem dieser Venediger, waren sie doch ohne Schatten. Eine alte italienische Sage erzählt, der

Teufel selbst habe einst in der reichen und mächtigen Seestadt eine Schule der Zauberkunst und Goldmacherei betrieben. Ganz versessen seien die jungen Venezianer aufs Erlernen der magischen Künste gewesen. Natürlich wollte ihnen der Böse nicht umsonst alles beibringen und so verlangte er die Seelen seiner neugierigen Schüler. Doch davon wollten diese nichts wissen. Nach langem Feilschen kam man überein, dem Teufel gehöre nach Abschluss des Kurses der Letzte, der den Vorlesungskeller verlasse, und zwar mit Leib und Seele. Als es einige Zeit später so weit war und der Gehörnte am Ende des Unterrichts den Letzten packen wollte, lächelte dieser ganz unbefangen und meinte: »Halt! Ich bin nicht der Letzte! Da, hinter mir, kommt noch einer!« Dabei zeigte er über seine Schulter nach rückwärts. Der Teufel ließ sich täuschen und griff nach – dem Schatten. Seitdem hatten die Venediger keinen Schatten mehr. Und da dieser die unsterbliche Seele bedeutete, war das keine Kleinigkeit.

Einiges für sich hat auch die Möglichkeit, dass sich die geheimnisvollen Männlein in unseren Bergen gar nicht so eifrig nach Mineralien bückten, wie es den Anschein hatte, sondern eher nach bestimmten Wurzeln und Kräutern – vielleicht sogar nach zauberkräftigen – Ausschau hielten, schließlich war Venedig auch ein Hauptmarkt für Apothekerwaren.

Es mögen ohne weiteres auch solche Gewächse gewesen sein, um die es im folgenden Kapitel gehen wird.

MAGISCHE KRÄUTER

Wer ein Gärtlein hat, der soll darin haben: Erstens einen Salbeistock, zweitens einen Wermutstock, drittens einen Enzianstock, dann hat man seine Apotheke gleich bei der Hand. So meinte Pfarrer Sebastian Kneipp vor nunmehr rund hundert Jahren, und der »Wasserdoktor« von Bad Wörishofen wusste sicher, wovon er sprach.

Um gleich beim Salbei zu bleiben: Seine filzig behaarten, runzeligen Blätter haben die Menschen früher zwar oft gern an die Haut einer Kröte denken lassen, doch der aus den westlichen Mittelmeerländern stammende Strauch hat schon früh Eingang in die Bauerngärten gefunden. »Wer auf Salbei baut, den Tod kaum schaut!« Das war ein großes Wort. Angefangen von Halsbeschwerden, die mit Salbei-Tee behandelt wurden und werden, über Anwendungen bei Unfruchtbarkeit, Gallenleiden und Husten reichten seine Wirkungen bis zum Aphrodisiakum, von dem in einem späteren Kapitel die Rede sein wird. Und die gelehrte kräuterkundige hl. Hildegard von Bingen weiß: »Wer von irgendeiner schmutzigen Sache Gestank erleidet, der stecke Salbei in die Nase, und es nützt ihm«; Das allein wäre Grund genug, heutzutage solche Gewächse nicht nur anzupflanzen, sondern sie auch

Hildegard von Bingen
zeitgenössischer Holzschnitt

stets bei sich zu tragen, um sie notfalls gleich bei der Hand zu haben.

Wenn aus Oberbayern überliefert wird, am Ulrichstag, dem 4. Juli, müsse man Wiesensalbei mittags um 12 Uhr pflücken, um mit ihm die Mäuse zu vertreiben, so mag die eintretende Wirkung natürlich auch zu einem gewissen Teil auf die Kraft des »Mäusepatrons« Ulrich zurückzuführen sein und nicht nur auf jene des Salbeis. Wenn beides versagte, gab es jedoch noch andere Kräutlein, denen ähnliche Wirkung auf die gefräßigen Nager nachgesagt wurde.

Mit den zuletzt Genannten hatte man auch in den alten Klöstern seine liebe Not. Nicht nur, dass sie in den Kornspeichern die mühevoll erarbeiteten Vorräte schmälerten, wenn es dort mit der Verpflegung einmal knapp wurde, zögerten sie auch nicht, sich in der klösterlichen Bücherei an den Folianten schadlos zu halten, oft ausgerechnet an den wertvollsten. Schon gut tausend Jahre früher als der Pfarrer von Bad Wörishofen seine drei Kräutlein empfohlen hatte, wies der Plan des Klosters St. Gallen einen eigenen Arzneikräutergarten aus, und nicht weit davon entfernt beschäftigte sich etwa um dieselbe Zeit Walahfrid Strabo, der Abt des Klosters Reichenau, in seinem berühmten Werk »Hortulus« – einem ausführlichen Gedicht über sein Gärtlein – mit den Heilpflanzen. Darin hatte er auch dem Wermut ein Plätzchen eingeräumt, nicht zuletzt vielleicht deshalb, weil dieses Kräutlein mithalf, sein Werk der Nachwelt zu erhalten, galt es doch seit der Antike ebenfalls als bewährtes Mittel, das man

Walahfrid Strabo
»Schedelsche Chronik«, 1493

der Tinte zusetzte, um Mäuse von den wertvollen Schriften fernzuhalten.

Die stark aromatisch riechende Pflanze mit ihren seidenglänzenden Blättern fand sich seit jeher in Bauerngärten. Inzwischen war das bekannte Mäusevertreibungsmittel aber auch schon längst zu einem zauberischen und schließlich zu einem antidämonischen Kraut geworden. Viehställe wurden damit ausgeräuchert, es verjagte Hexen, und kein Geringerer als Martin Luther wetterte gegen den Aberglauben, man müsse nach Geburten das Bett der Mutter durch Räuchern mit Wermut schützen, damit nicht etwa der Teufel das Kind auswechseln könne. Daneben gehörte der Wermut zu den hoch geschätzten Heilpflanzen, deren Sammeln in früherer Zeit genau auf Tage und Stunden festgelegt war. Als bester Zeitpunkt fürs Pflücken galt der »Frauendreißiger«, das waren die dreißig Tage von Mariä Himmelfahrt (15. August) bis Mariä Geburt (8. September) und die folgende Oktav. Die Kirche unterstützte die Vorliebe für heil- und zauberkräftige Kräuter – gelegentlich vielleicht auch etwas halbherzig – mit einer feierlichen Weihe an »Üsa-Lieb-Frauatag«, dem höchsten Marien-Festtag. Da glich das Gotteshaus dann beinahe einem blumigen Wiesenteppich, duftend von würzigen Kräutern. Anschließend wurden die Kräuterbüschel, die durch die Segnung eine geradezu doppelte Heilwirkung versprachen, nach Hause getragen. Je nach erhoffter Wirkung steckte man sie in die Äcker oder sie kamen in den Herrgottswinkel. Bei schwerem Unwetter legte die Hausfrau auch gern ein wenig vom »gwiehna Züg« ins Herdfeuer, wodurch es vor Blitzschlag, Feuer usw. schützen sollte.

Zur angedeuteten kirchlichen Halbherzigkeit muss natürlich gesagt werden, dass gerade im bäuerlich-volkstümlichen Lebensbereich außerhalb der Kirche eine Unmenge altertümlicher oder besser gesagt vorchristlicher Vorstellungen im Umlauf waren. Es gab geradezu eine Art »Volksreligion«, in der beispielsweise die Sorge um die erwähnten Kräuterbüschel um vieles wichtiger zu sein schien als das eigentliche Marienfest.

Der oben erwähnte gelehrte Reichenauer Abt hat sich auch mit einer weiteren stark aromatisch riechenden Pflanze beschäftigt, die ebenfalls seit der Antike großes Ansehen genoss, mit der Raute. »Sie ist stark an Kräften in der Feuchtigkeit, und sie ist gut gegen die trockenen Bitterkeiten, die in jenem Menschen wachsen, in dem die richtigen Säfte fehlen«, schreibt die »erste deutsche Naturärztin«, die hl. Hildegard von Bingen. Wie so viele andere dürfte auch diese strauchartige Pflanze, die besonders als unfehlbares Gegengift bei Schlangenbiss empfohlen wurde, über die Klöster in unsere Bauerngärten gelangt sein. Vielleicht hat die Kreuzesform ihrer Blätter und Früchte dazu beigetragen, dass man schließlich überzeugt war, auch die Hexen würden um diese Kräuter lieber einen Bogen machen.

Wermut und Raute; es ist an der Zeit, uns einer entsprechenden Sage zuzuwenden. Sie findet sich in Vonbuns Sammlung und hat mit dem Nachtvolk zu tun. Das war jenes unheimliche Toten- und Geisterheer, das, wie es sein Name sagt, des Nachts mit lieblicher, gelegentlich aber auch wilder Musik seine ganz bestimmten Wege zog und dem es auszuweichen galt, wenn man nicht das Risiko eingehen wollte, mit Krankheit, Blendung oder Beilhieben bestraft zu werden.

In Satteins – es wurde vom Nachtvolk auffallend oft besucht – hielt es sich gern in der Nähe der Burgruine Schwarzenhorn auf und zog dann *durch die Hollagasse herab unter herrlicher Musik, unter Saitenspiel und Pfeifenklang, Trommel- und*

Paukenschlag, sehen konnte man aber nichts als nur einen Wind. Im Dorf zog es neben Sepples Haus vorbei, das an einer Kreuzgasse steht.

Solche Plätze oder Häuser mit Türen in jede der vier Himmelsrichtungen bevorzugte das Nachtvolk. Der Besitzer wusste von dieser Vorliebe und tat alles, um es der wilden Schar recht zu machen. Eines Tages ging er so weit, dem Nachtvolk, das stets über einen großen Misthaufen neben seinem Haus hinwegbrausen musste, freie Durchfahrt zu ermöglichen, und schrotete ein großes Stück des Hindernisses weg. Vielleicht erinnerte sich die wilde Schar dafür bei einem der nächsten Male daran, als sie wieder von der Burgruine heruntergefahren kam. Es waren gerade die Fron- oder Quatemberfasten. »Damit sind die vierteljährlich gebotenen Fasttage am Mittwoch, Freitag und Samstag in der Woche vor Reminiscere, vor Trinitatis, nach Kreuzerhöhung und nach Luzia gemeint«, hätte früher der Pfarrer erklärt. Heutzutage würden solche Terminangaben wohl nur noch Kopfschütteln auslösen. Quatemberfasten gab es viermal im Jahr, sie fielen in die erste Fasten-, die Pfingst-, die dritte September- und in die dritte Adventwoche. Welcher Termin in der Sage aus Satteins gemeint war, ist nicht klar. An diesen Tagen waren – jedenfalls nach alter Meinung – die Geister am unruhigsten und gefährlichsten, äußerste Vorsicht war geboten und so ziemlich alles war verboten: Man sollte die Stalltüre nicht öffnen, keinen Mist ausbringen, nicht mähen, nicht ins Holz fahren usw.

Und man sollte nicht Wäsche waschen und nicht bleichen. Gerade damit aber war man beim Sepple daheim beschäftigt. Dort war nämlich ausgerechnet an einem solchen Termin Waschtag und die Frauen waren am »Buha« am Einlaugnen. *»Hätten wir nicht erfahren, daß ihr gute, dienstfertige Leute seid, und wüßten wir nicht, daß ihr Wermuet und Rûta (Raute) im Hause habet, so würdet ihr nicht ungestraft an Fronfasten bûha!«* So erscholl es aus der vorüberbrausenden Schar. Ob mit der

Dienstfertigkeit etwa das vorherige Abschroten des Misthaufens gemeint war, muss Vermutung bleiben, doch die Erwähnung von Wermut und Raute war deutlich zu hören. Sepples Leuten geschah nichts; *sie ließen sich's aber gesagt sein und stellten seit derselben Zeit an Fronfasten nie mehr eine Wäsche an.*

Nicht allzu weit entfernt davon, in Thüringen, spielte sich Ähnliches ab. Dort ließ sich früher bei der Säge nicht selten ein Hund sehen. Das wäre für sich genommen ja noch nichts Außergewöhnliches gewesen, doch bei diesem Tier waren sich alle ziemlich einig, dass es sich bei ihm um einen Geist handeln musste. Es war zwar nie gehört worden, dass er jemandem etwas zu Leide getan hatte, und jene Frau, die eines Tages noch spät in der Nacht mit Hanfreiben beschäftigt war, tat es ohne schlechtes Gewissen. *Da näherte sich ihr dieser Hund, und als die Frau ihn vertreiben wollte, sagte er: »Wenn du nicht Wermuat und Ruta bei dir hättest, wollte ich dich jetzt lehren da reiben!«* Dass der Hund auf einmal zu sprechen begonnen hatte, schien die Frau nicht überrascht zu haben. Die beiden Heilkräuter aber hatten ihre zauberische Wirkung abermals unter Beweis gestellt.

Nachtvolk, geisterhafte Hunde, na ja, wird man vielleicht denken, daran muss man allerdings auch glauben; wer konnte Derartiges auch überprüfen! Was aber, wenn sich am äußeren Grappeskopf oberhalb von Gortipohl eine riesige Lawine gelöst hatte, »gegam Däuli« niedersauste und deutlich durchs Schneegebraus eine Stimme zu hören war: *»Zu dem Hus!«? Aber von jenem Haus sei die Antwort zurückgeschallt: »Nei, zu dem net, do sin Ruta-n-i Hus und Garta!«*

Lange Zeit hindurch habe ein Wandgemälde am betreffenden Haus das Geschehen gezeigt. Es sei darauf eine Frau zu sehen gewesen, wie sie eine vielästige Pflanze – anscheinend eine Gartenraute – abwehrend der drohenden Gefahr entgegenhielt. Inzwischen befindet sich an der Fassade der Volksschule Gortipohl schon längst eine Darstellung, auf der die Muttergottes ihren schützenden Mantel ausbreitet, und eine Inschrift erinnert an drei große Lawinen-Katastrophen, die über den Ort hereingebrochen sind.

Bei der botanischen Zusammensetzung eines richtigen Weihbüschels – so nannte man das Kräuterbüschel, über das am »Üsa-Lieb-Frauatag« der Segen gesprochen wurde, galten ganz bestimmte Regeln, die oft je nach Ortschaft verschieden waren. Von zweiunddreißig verschiedenen Blumen ist in einem Bericht beim Sagensammler Richard Beitl die Rede, und wie die Kinder schon Tage vorher in Feld und Garten Blumen sammelten, damit es ein richtiger »Balmen« wurde. Da Mädchen am Palmsonntag früher keine Palmen tragen durften, waren diesen dafür die Blumengebinde an Mariä Himmelfahrt vorbehalten, weshalb dieser Tag auch als »Mädchenpalmsonntag« bezeichnet wurde. *»Nimm mi oh, nimm mi oh!«* So riefen dann die vielen Blumen, doch nur die »richtigen« kamen zu Ehren.

Eine, die ganz sicher nicht vergessen wurde, war die Eberwurz. Nach der Sage war sie einst Karl dem Großen von einem Engel gezeigt worden. Der Bote des Himmels soll ihm die Silberdistel, wie sie auch genannt wird, als Pestmittel geoffenbart haben, und in der Botanik heißt sie tatsächlich »Carlina«. Zu Hause an die Stalldecke genagelt, schützte die im Schwäbischen gern als »Herrgottskrone« bezeichnete »Karlsdistel« neben den Menschen auch das Vieh.

Wie der große Karl soll übrigens auch der ungarische König Ladislaus der Heilige ein Anti-Pestmittel gewonnen haben. Nach dem Ausbruch der gefürchteten Seuche habe er einen Pfeil in die Luft abgeschossen und sei dabei fest über-

Ein Engel überreicht Karl dem Großen die Silberdistel

zeugt gewesen, die Pflanze, auf die das Geschoss niederfalle, werde sich als besonders wirksam gegen die Seuche erweisen. Er habe ein Enzian getroffen, und von nun an galt die Wurzel dieser Pflanze ebenfalls als wirkungsvolles Mittel gegen Pest und allerlei Seuchen, wurde aber auch gegen giftige Spinnen, Hundebisse usw. verwendet. Genau genommen handelte es sich dabei um den Kreuz-Enzian. Diese Art hat einen Wurzelstock, der wie durchstochen aussieht, und so mag sein Aussehen den Anlass zur Entstehung der Sage vom Pfeil gegeben haben. Die Wirkung der gelb blühenden Enzian-Art dagegen war bereits im Altertum bekannt, und zwar jene des Getränks, das aus den Wurzeln gewonnen wurde. Davon berichtet der römische Schriftsteller Plinius der Ältere im ersten nachchristlichen Jahrhundert. Bei ihm findet sich auch die Erklärung der lateinischen Fachbezeichnung »Gentiana« für die Enzian-Arten. Dahinter stehe – das Ganze erinnert abermals an den großen Karl und seinen ungarischen Amtskollegen – der eher unbekannte illyrische König Gentius, der die Pflanze als Mittel gegen die Pest empfohlen habe. Seit dem Altertum werden die Pflanzen mit bitterem Geschmack außerdem wegen ihrer kräftigenden und verdauungsfördernden Eigenschaften genutzt. Dass aus den Wurzeln der gelb blühenden Art wahrscheinlich schon seit dem 17. Jahrhundert ein Schnaps gewonnen wird, macht die Pflanze erst recht interessant.

Als ums Jahr 1630 die Pest ihren Weg auch ins hinterste Montafon auf die Alpe Verbella fand, floh das Sennvolk gegen Tafamunt ins Tal hinaus. Doch die Menschen blieben nicht verschont und ein Vöglein soll damals gesungen haben: *»Hett'n dr g'gässa Bibernella, Baldria und Jensa (Enzian) o, so wären dr ko all dr-vo.«*

Leider zwitscherte das Vöglein um einiges zu spät, aber wenigstens waren die Überlebenden damit über weitere Heilpflanzen und zwei der bekanntesten »Anti-Pestmittel« unterrichtet, die Bibernelle und den Baldrian. *»Trink Bibernell, so stirbst nit so schnell!«* wurde ab nun den Leuten geraten. Als die Pest sich einmal in Ebnit ausgebreitet habe, von dort in die Emserreute und dann aufs Land herabgekommen sei und schon viele Opfer gefordert habe, sei ein unbekanntes Männlein aufgetaucht und habe den Leuten geraten, sie sollten »lippla« und Bibernella essen, und zwar wacker, dann werde die Krankheit weichen. *Man befolgte den Rat, aß wacker Pimpernellen und fing eifrig an zu beten, und bald hörte die Seuche auf. Unter »lippla« haben die Leute eben verstanden, man müsse die Lippen bewegen und beten.*

Das warnende Vöglein vom Montafon hatte auch den Baldrian erwähnt, und bei diesem haben wir es wahrscheinlich mit der wichtigsten Pflanze überhaupt zu tun, die gegen die gefürchtete Pest schützen sollte. Daneben hatte sie aber noch ganz andere Qualitäten. Offenbar wegen des starken, eher unangenehmen Geruches des Wurzelstocks galt Baldrian von alters her als Hexen vertreibendes Kraut. Einen guten Ruf hatte er auch als Aphrodisiakum. Das mag durchaus mit seinem bocksartigen Geruch zusammenhängen, galt ein Ziegenbock doch stets als besonders geiles Tier. Der alte Rat, es empfehle sich fürs männliche Geschlecht, neben anderen Kräutern auch Baldrian bei sich zu tragen, damit die Frauen »nichts abschlagen« könnten, hatte offensichtlich etwas für sich. Deutlich wird auf seine diesbezügliche Wirkung auch im Spruch: »Baldrian, greif mich an!« hingewiesen.

Baldrian sei ein »diuretisch« wirkendes Mittel, heißt es. Das soll nicht heißen, hier habe jemand mit dem Fremdwort »theoretisch« seine Probleme; diuretisch bedeutet laut Fachlexikon »harntreibend«, und es ist nicht ausgeschlossen, dass sich Derartiges auf die Geschlechtssphäre auswirkt. Es war in gewissem Sinne also keineswegs »für die Katz«.

Wie gerade erwähnt, hatten Hexen unter dem Geruch des Baldrians ziemlich zu leiden und konnten mit diesem erfolgreich vertrieben werden. Es klingt überraschend, dass ausgerechnet jenes unserer Haustiere den Geruch der Baldrianwurzel so besonders schätzt, das gern in die Nähe der Hexe gerückt wird: die Katze. Mit dieser Vorliebe ihrer Begleiterin musste sich eine Hexe offensichtlich abfinden. Unbeantwortet bleibt dabei die Frage, wie es mit der Abneigung gegen Baldrian bei jenen Hexen bestellt war, die sich selbst in eine Katze verwandelt hatten. Dass sie das konnten, davon war man überzeugt; kaum einmal fehlte vor Gericht die gezielte Frage danach.

Wie so eine Mäusejägerin mit einer Wurzel dieser Pflanze zu beeindrucken ist, muss man einmal erlebt haben. Der Name »Katzenkraut« für den Baldrian allein spricht für sich.

Damit sind wir nun endgültig bei jenem Tier gelandet, um das es im nächsten Kapitel gehen soll.

EIN VERKANNTES HÖLLENTIER

Eine der ältesten Geschichten von der Katze erzählt, das erste Paar dieser Tiere sei aus den Nüstern des Löwen herausgeniest worden, nachdem Noah den König der Tiere um Hilfe gegen die Mäuse gebeten hatte, die in großer Zahl seine Arche stürmen wollten. Nach einer anderen Erzählung habe der Archenbauer die Katze als letztes Tier eingelassen. Verärgert wegen ihrer Verspätung, habe er die Tür hinter ihr ungeduldig ins Schloss geworfen und ihr dabei den Schwanz eingeklemmt. Und in Ungarn erzählte man sich, der Stammvater habe eine Maus beim Nagen an der nagelneuen Arche überrascht und voller Zorn einen Handschuh nach ihr geworfen. Aus diesem sei die Katze entstanden, die seither die Mäuse jage und fresse.

Solche Berichte stehen nicht in der Bibel, weder dort noch in der Apostelgeschichte kommt die Katze nämlich vor; Jesus und seine Jünger scheinen sie offensichtlich gar nicht gekannt zu haben. Es dauert lange, bis dieses heilige Tier der ältesten Religionen seinen Siegeszug antreten kann. Erst als Ägypten Bekanntschaft mit dem Christentum schließt und mancher fromme Mann sich in die Einöde zurückzieht, begegnet er hier jenem zierlichen, grau gestreiften Tier, der nubischen Falbkatze. Von da an geht es dann allerdings umso schneller. Bald wird aus dem Gast aus der Wüste das Lieblingstier der einsamen Eremiten und aus dem nubischen *cadis* das griechische *catta* – unsere Katze. Wenig später wird diese auch in den ersten Klöstern heimisch. Es dürfte die landwirtschaftliche Tätigkeit der Mönche gewesen sein, die solche Tiere nötig machte, um in der Kornkammer nach dem Rechten zu sehen, wenn sich dort die gefräßigen Mäuse allzu sicher wähnten. Langsam und bedächtig die Nahrung auf einer Seite des Maules und dann wieder auf der anderen kauend, schien eine Katze ohnehin geradezu das Vorbild eines guten Theologen zu sein; sollte doch auch dieser die Glaubenssätze zwar schlucken, doch zuvor gut durchkauen und das Für und Wider wohl erwägen.

Natürlich wird das anmutige Tier auch nicht wenig verwöhnt. »Klosterkatzen haben besser zu leben als viele Kinder«, hieß es gelegentlich im Volk. In Nonnenklöstern sollen sie die einzigen Haustiere gewesen sein, welche die Regel gestattete. Außerdem, weshalb sollte nicht auch die Äbtissin selbst so ein niedliches Kätzchen in ihrer Nähe haben, erzählte man sich doch sogar von Papst Gregor dem Großen, er habe gern ein putziges Tierchen bei sich im Ärmel mitgetragen. Auch sein Zeitgenosse Mohammed soll so ein kleines Schmusetier überaus geschätzt haben, mit dem einzigen Unterschied, dass es beim Stifter des Islams ein Burnusärmel war, in den seine Lieblingskatze »Muezza« schlüpfen durfte. Dort soll sie auch eines Tages gerade zu jenem Zeitpunkt eingeschlafen sein, als der fromme Mann zur Moschee gehen wollte. Was blieb da anderes übrig, als eben den Ärmel des Gewandes abzuschneiden, um das Tierchen nicht aus seinem Schlaf wecken zu müssen? Es ist nicht verwunderlich, dass die Katze auch in den Paradiesvorstellungen der Moslems vorkommt.

Und dennoch, trotz ihres Aufenthalts im päpstlichen Ärmel und in jenem Mohammeds, die Tiere insgesamt hatten etwas Beunruhigendes um nicht zu sagen Unheimliches an sich. Die eigentümliche Natur, am Haus und nicht am Menschen zu hängen, die grünlichen, des Nachts leuchtenden Augen, der leise Raubtiergang, das knisternde Fell usw. ließen Katzen im Volksglauben zu Wesen werden, die geheime Kräfte besaßen und deshalb mehr und mehr in die Nähe des Dämonischen gerückt wurden.

Da lebte in Mellau am Weg zur Kanisfluh vor vielen Jahren ein Küfer, der jede Katze plagte, die ihm über den Weg lief. Besonders wenn er von der Nachtstubet heimging, stöberte er gern noch so ein Tierlein auf und verfolgte es. Als er sich wieder einmal auf dem Heimweg befand und gerade beim Tempel – so nennt man eine kleine Häusergruppe südöstlich der Kirche – angekommen war, bemerkte er mit einem Mal, dass ihm einige Katzen folgten. Es wurden mehr und mehr, so dass er schließlich regelrecht Angst bekam und zu laufen anfing. Bis zu seiner Haustür zu kommen, schaffte er zwar nicht mehr, doch seine Werkstatt erreichte er gerade noch rechtzeitig. Schnell stieß er von innen den Riegel vor. *Die Katzen aber waren schon da und drohten die Tür einzudrücken oder zum Fenster hereinzuspringen. Da tat der Küfer voll Angst das Gelübde, er werde nie mehr ein Tier quälen und wenn er diesmal davonkomme, wolle er zum Dank bei den Häusern im Tempel ein Kreuz aufstellen.* Es wird zwar nicht ausdrücklich erwähnt, aber es klingt ganz so, als seien die Katzen durch sein Gelübde beschwichtigt worden, ihrem Rachedurst freien Lauf zu lassen. Noch heute steht an der Wegabzweigung Tempel-Oberfeld-Hinterbünt ein Kreuz und erinnert ans gehaltene Versprechen.

Kreuz in Mellau/Tempel, 2000

Schon um einiges schlimmer erging es in einem ähnlichen Fall einem

Mann aus Raggal. Er befand sich eines Nachts beim Mondschein im Lasangga-Tobel gerade auf der Brücke. Auf einmal sah er auf einem Brückenkopf eine Katze hocken und eine kohlschwarze noch dazu. *»Wart, Mauz«, sagte der Mann, dir will ich ins Tobel hinunterzünden!« und gab ihr einen Streich mit dem Stecken, daß es klepfte.* Aber die Katze blieb sitzen. Auch durch einen zweiten und dritten Schlag war sie nicht zu bewegen ihren Platz zu verlassen. *Sie hatte sich nicht um das Schwarze vom Nagel bewegt, war nur größer geworden und glarte den Mann mit feurigen Augen an, als wenn sie ihm ins Gesicht springen wollte. Da kam dem Mann ein Grausen, und er sprang den gnoten Weg heimzu und war seit der Zeit nie mehr recht musper.*

Dass es einem alten Lingenauer Jäger noch um einiges schlechter erging, als er spätabends in Reuthe in der Nähe der alten »Bayenerbrücke« vorbeikam, daran war er selber schuld. Auch er erblickte auf einmal eine schwarze Katze, und vielleicht wäre er an ihr vorbeigegangen, wenn er nicht gerade sein Gewehr dabei gehabt hätte. So aber legte er kurz entschlossen an und feuerte auf das Tier. Und das ausgerechnet, nachdem es gerade 12 Uhr Mitternacht geschlagen hatte. Mit einem heftigen Knall zerriss der Gewehrlauf, der Mann stürzte zu Boden und war von der Stunde an beiden Beinen gelähmt. Die Katze hatte sich auch in diesem Fall um keinen Zentimeter bewegt.

Ob es überhaupt eine Katze war?

Am schlimmsten aber ging so eine Begegnung für einen Bürser aus. Was beim Mellauer vielleicht noch als dummer Spaß und beim Lingenauer Jäger als pure Schießlust bezeichnet werden konnte, war bei ihm eindeutig Bosheit. Noch nie hatte er Katzen ausstehen können, und er plagte und schlug sie, wo er eine erwischte. Ein notorischer Katzenhasser sozusagen, und vielleicht hatten es die in diesem Fall gar nicht putzigen Tierchen schon längst auf ihn abgesehen. *Als er einmal in der Nacht heimging, lauerten ihm nahe bei seinem Stall alle Katzen des Dorfes auf, und mit wilden Augen und erhobenen Vorderpfoten rutschten sie auf den Hinterbeinen rundum von allen Seiten gegen ihn.* Da konnte ihm auch keine Flucht mehr helfen. Fauchend sprangen die Tiere an ihm empor und zerkratzten ihn derart, dass er – starb.

Holzschnitt, 16. Jh.

Eine solche gemeinsame Aktion der Katzen, die doch weit über das hinausging, was üblicherweise zu erwarten gewesen wäre, bringt uns schon um einiges näher an jene unheimlichen Tiere heran, die gern als Begleiterinnen der Hexen gesehen wurden oder – nach der Meinung professioneller Hexenjäger und nach dem Volksaberglauben – sogar selbst Hexen in Katzengestalt waren. So erzählt es auch gleich eine ganze Reihe von Sagen unseres Landes.

Bei jenem Mann, der in der Nähe des Pfänders eine Katze mehrmals von einem Pfahl herunterschlug, worauf diese immer wieder hinaufhüpfte, mag man zwar als Erklärung noch ein entsprechend unnachgiebiges Exemplar vermuten, doch am Ende des Textes heißt es: *Da dachte der Mann, das könne nichts Rechtes mehr sein und machte sich schleunigst davon.*

Seine Ahnung bestätigt sich in einer Sage aus Gaschurn. Da ging der Veri, ein Knecht, in ein Haus »außerm Bach z' Hengert«, also zur Stubete. Da man sich erzählte, in dem Haus wohnten Hexen, war er vorsichtig genug, sich vom jüngsten Meiggili seines Brotherrn immer ein Kreuz machen zu lassen, bevor er losging. So glaubte er sicher zu sein. *Als er wieder einmal auf dem Weg war, da saß eine Katze überm Bach drüben. Er warf nach ihr und traf sie. Als er ins Haus kam, hatte eines der Mädchen einen verbundenen Arm und sagte zu ihm: »Veri, nachhin laß dann die Katzen gehen auf dem Bach drinnen!«*

Mag sein, dass dem Knecht damit noch nicht klar war, was das eine mit dem anderen zu tun hatte; als er nämlich bald darauf wieder zu diesem Haus ging und abermals so ein Tier am Bach saß, bewarf er es ebenso mit Steinen, so viel er nur konnte. Er kam an, öffnete die Stubentür, da sah er, wie die Mädchen ihre Mutter über und über mit Pflästerchen belegt hatten. Da machte er kehrt und von da an betrat er das Haus nie mehr.

Der Bursche hatte Glück gehabt, denn hätten sich alle Bewohnerinnen des seltsamen Hauses zusammengetan, wer weiß, vielleicht wäre es ihm ähnlich ergangen wie dem erwähnten Bürser.

Noch deutlicher wird die oft vermutete enge Nachbarschaft Hexe – Katze in der nächsten Sage aus dem Montafon. Als dort einmal ein solch großes, schwarzes Tier einem Burschen in einer mondhellen Nacht den Weg versperrte, wusste der das Richtige zu tun. *Er stellte sich auf sein Sacktuch und was sah er? Keine Katze – sondern ein bildhübsches Mädchen in einem roten, wollenen Unterrock.*

Und wer trug schon rote Unterröcke! So ist man wohl versucht zu sagen. Doch es war nicht etwa die rote Farbe, die den Burschen gleich an eine Hexe denken ließ, schließlich gehörten »feuerrothe Lodenröcke« durchaus zur weiblichen Tracht des 19. Jahrhunderts; es war vor allem die Tatsache, dass sich hier statt einer Katze mit einem Mal ein weibliches Wesen im Unterrock sehen ließ, die dem Burschen endgültige Klarheit über sein Gegenüber brachte.

Bevor es im Folgenden endgültig ums Thema »Katze – Hexe« geht, muss doch noch angemerkt werden, dass alle diese Berichte – einmal abgesehen davon, dass es sich bei ihnen ohnehin um Sagen handelt – lediglich die Vorstellungen der damaligen Menschen widerspiegeln.

Außer mit dem bereits erwähnten Bericht aus Mellau kann der hintere Bregenzerwald noch mit etlichen weiteren Sagen solcher Art aufwarten. In einer gingen zwei Jäger von Rehmen aus auf Fuchsjagd. Nachdem der Abend hereingebrochen war, nächtigten sie auf einer Alphütte. Sie hatten schon einige Zeit geschlafen, da erwachte einer der beiden, schaute zum Fenster hinaus und sah – in ein Paar feurige Augen. Aufgeregt weckte seinen Kameraden und deutete zum Fenster. Der blickte hinaus und meinte gleich darauf: »Das ist nur eine Katze, schieß!« Der Schuss krachte, ein Schrei, und vom Tier war nichts mehr zu sehen und zu finden. *Als die zwei Jäger am nächsten Tag heimkehrten, erzählten sie von diesem Vorfall. Man teilte ihnen aber mit, daß zur gleichen Zeit eine dem Rüf – so hieß der eine von den Jägern – nicht gut gesinnte Nachbarin tödlich verunglückt sei.*

Ziemlich eindeutig um Hexen scheint es sich auch im nächsten Fall, der aus Schnepfau berichtet wird, gehandelt zu haben. Da suchten drei Männer an einem kalten Spätherbstabend eine Unterkunft, um zu übernachten. Früher war es nicht üblich, die Alphütten zu versperren, nachdem man mit dem Vieh ins Tal gezogen war. Sie standen dann den Jägern und anderen Leuten, die Unterschlupf suchten, den Winter über offen. Als sich die drei der verlassenen Hütte näherten, staunten sie darüber, dass dort ein Lichtlein brannte. Doch was sie dann durch eins der Fenster sahen, ließ sie erstarren:

Dort wo die Küche war, da waren drei schwarze Katzen drin. Eine habe Kaffee gemahlen, die anderen zwei hätten aus einer Schüssel gegessen.

Die Sage spricht von »gegessen« nicht etwa von »gefressen«, wie man es bei Katzen eigentlich erwarten müsste. Nach dieser Entdeckung war an ein Übernachtbleiben nicht mehr zu denken. Dem Sagenerzähler – es ist der bekannte ehemalige Damülser Pfarrer Reinold Simma – mag die Sache sonderbar genug vorgekommen sein, und er fügt noch bei, das Berichtete sei fast nicht zu glauben. Doch auch wenn er weiterfährt, es sei doch die Wahrheit, da auch der Vater von der Frau N. dabei gewesen sei, bleibt es natürlich dem Leser überlassen, was er davon halten will.

Die Katzen in dieser Alphütte wären sicher hocherfreut gewesen, wenn sich jene Kollegin zu ihnen gesellt hätte, von der man sich im Großen Walsertal erzählte. Dort ging einmal zu Füßen der Roten Wand ein Jäger im Spätherbst auf die Jagd, und als er zur Alpe Laguz gekommen sei, habe er bei einer ohnehin verrufenen »Deihja« – einer Alphütte – durch ein Astloch in der Wand geschaut. Warum? Er hatte Musik gehört und sich gewundert, wer da heroben in der einsamen Hütte spielte. Da habe er mitten in der Diele eine kohlschwarze Katze gesehen, die *saß auf den hintern Füßen, hielt zierlich mit der vordern linken Pfote eine Maultrommel an die »Goscha« und spielte mit der rechten gar lustig auf.* Bei diesem wunderlichen Exemplar habe es sich allerdings nicht um eine Hexe gehandelt, sondern, wie Franz Josef Vonbun erläutert, um den »Laguzerbutz«.

Um eine hilfreiche Katze – auch wenn es wohl ebenfalls eine Hexe gewesen sein musste – geht es in einer Sage aus dem nahen Hirschau, jedenfalls beim ersten Hinsehen! Dort tat eine Stickerin *alles lieber als ihre Arbeit und schwätzte die ganze Woche tagaus, tagein. Erst am Samstag nachts, wenn man Feierabend machen sollte, dann stickte sie. Trotzdem brachte sie immer mehr zuwege als die Fleißigste der andern Stickerinnen. Niemand konnte sich erklären, wie dies möglich sei, bis die Leute sahen, wie eine fremde, schwarze Katze gar oft den Weg zum Haus dieses Mädchens nahm.* Dass es sich bei der offenkundigen Hilfe beim Sticken um »Hexen-Arbeit« gehandelt hatte, zeigte sich nicht zuletzt auch daran, dass samstagnachts gestickt worden war – also nach dem Samstagabend-Läuten – und das war eine klare Verletzung der Feiertagsruhe. Auch für diese Zeit galt bereits: »Wer am Sonntag näht, sticht den Herrgott in den Finger!«

In die Zeit der Montafoner Saisonarbeiter als Krauthobler oder Maurer reicht eine Sage aus St. Gallenkirch zurück. Erlebt hatte sie ein Mann aus dieser Gemeinde, und zwar in Frankreich. Gerade saß er eines Abends in einer fremden Wohnstube, da fragte ihn die Hausfrau, ob er nicht Heimweh habe und ob er nicht wissen wolle, was sein Weib gerade mache. Natürlich hätte der Montafoner das gern gewusst. Wie staunte er aber, als die fremde Frau meinte, das könne sie ihm alles sagen, und zwar ganz genau. Sie ging hinaus und ließ den verdutzten Mann zurück. Nach einer Weile kam sie wieder in die Stube und erzählte ihm, seine Angehörigen seien jetzt gerade am Nachtessen. Das wäre nun ja noch nichts Besonderes gewesen, da um diese Zeit wohl hier wie dort zu Abend gegessen wurde. Dann aber kam der Montafoner doch ins Staunen, denn die Frau zählte ihm genau auf, wer der Reihe nach bei ihm zu Hause am Tische sitze, was dort jetzt gegessen werde und dass die Mutter dem kleinen Kind gerade Mus gegeben habe. Als die Fremde zu guter Letzt noch erwähnte, seine Frau habe auch ihr einen Löffel voll gereicht, dürfte der verblüffte Mann wahrscheinlich aber doch wieder gedacht haben, das Ganze sei nur leere Angeberei. Er vergaß die Sache aber nicht, und als er im Spätherbst wieder heimkam, fragte er seine Frau, *wer denn einmal zum Abendessen gekommen sei und wem sie einen Löffel Mus angeboten habe. Da erwiderte sie, es sei niemand bei ihnen gewesen, nur einmal habe eine große schwarze Katze mit furchtbaren Glasaugen zum Fenster hereingeschaut. Sie habe gemeint, es sei eine verhungerte Waldkatze, und habe ihr einen Löffel vom Kindsbrei gegeben, worauf das Tier wieder weiter sei.*

Katze – Tom Mc Assey, 1968

Vom Schrecken einmal abgesehen, der den Mann wohl im Nachhinein noch erfasst haben dürfte, war nichts Schlimmes passiert. Ein anderer Montafoner dagegen, ein Müller in Inner-Bartholomäberg, hatte allen Grund sich über eine solche schwarze Katze zu ärgern. Schon öfters hatte er, wenn er nachts zu mahlen hatte, feststellen müssen, dass die Wasserrinne vom Mühlrad weggestoßen worden war. Das verdross ihn ordentlich, schließlich kostete es immer viel Zeit und Mühe, bis das Mahlwerk dann wieder lief. Eines Nachts entdeckte er, wie eine große schwarze Katze blitzschnell an ihm vorüberhuschte und verschwand, und zwar ausgerechnet in jenem Moment, als das Klappern der Mühle wieder einmal ausgesetzt hatte.

Gleich in der folgenden Nacht legte er sich auf die Lauer. In der Nähe der Maueröffnung, durch die er mit einer kleinen Eisenstange die Wasserrinne auf das Rad hin- und von diesem wieder fortschieben konnte, wartete er auf das boshafte Tier. *Gegen zwölf Uhr bemerkte er, wie eine große schwarze Katze in die Mauerspalte hüpfte, sich wie ein Eichhörnchen auf die Hinterpfoten stellte und sich eben anschickte, mit den Vorderpfoten die Stange fortzustoßen.* Da schlug der Müller mit einem kleinen Beil, das er vorsorglich mitgenommen hatte, zu und traf das Tier gerade noch an der rechten Tatze, bevor es verschwand. Gleichzeitig hörte er ein Geräusch aus der Radstube, als wäre etwas hinuntergefallen. Er suchte und fand zu seinem Erschrecken einen funkelnden Ring, der an einem – Frauenfinger steckte. Gleich in der Früh zeigte er den seltsamen Fund seiner Frau. Da meinte die Müllerin, der Ring komme ihr bekannt vor und sie glaube, diejenige zu kennen, der er gehöre. Sie hatte sich nicht geirrt, denn bald wurde von der betreffenden Frau erzählt, ihr fehle seit kurzem ein Ringfinger.

Auch bei jener schwarzen Katze, die einst weinseligen Zechern auflauerte, die von einer Mühle im Höllmühleloch (Alberschwende) nicht selten erst gegen Morgen den Nachhauseweg antraten, scheint es sich nicht nur um eine einfache Mäusejägerin gehandelt zu haben. Als die erschrockenen Gäste dem Wirt, der gleichzeitig auch der Müller war, davon erzählten, kündigte ihnen dieser an, mit einer Katze werde er schon fertig. Tatsächlich gelang es ihm eines Nachts sie zu erwischen. *Er band sie in einen Sack, warf sie in den Mühltrichter und legte hohnlachend den Mahlgang in der Mühle ein. Als aber die Katze zwischen die Mühlsteine geriet, folgte ein ungeheurer Donnerschlag, der das stolze Mühlengebäude zerbersten und in den Bach abstürzen ließ. Sogar die mächtigen Mühlsteine sprangen entzwei.* Die Leute, die von dem unheimlichen Tier wussten, zweifelten wohl nicht daran, dass es jederzeit wieder einmal auftauchen würde. Sie vermieden es deshalb noch lange, über das unheimliche Höllmühleloch zu gehen. Als später eine neue Straße gebaut wurde, soll das seltsame Geschehen ein gewichtiger Grund gewesen sein, für den Neubau einen anderen Weg zu suchen. Tief unten im Bachbett finden sich heute zwar nicht die zerborstenen Mühlsteine, von denen die Sage erzählt, dafür aber Reste alter Mauern. Doch sie stammen nicht von der einstigen Höllmühle, sondern von einer ehemaligen Säge.

Mauerreste einer ehemaligen Säge, Alberschwende, 2002

Abermals war ausdrücklich von einer schwarzen Katze die Rede. Nicht verwunderlich, dass es gerade Tiere dieser Farbe – ob sie nun Bütze, Hexen oder doch nur harmlose Mäusejägerinnen waren – immer besonders schwer hatten. Als schwarzes Exemplar geboren zu werden, war bereits im Mittelalter für die betreffende Katze stets ein Unglück. Und wenn sie auch nicht immer gleich als Ausgeburt der Hölle angesehen wurde, dass bei ihrem Auftreten der Böse nicht allzu weit entfernt sein konnte, davon war man überzeugt. Schließlich war es ja auch kein Geheimnis, dass der Meister des Hexensabbats selbst als Kater auftrat und seinen Schwanz zum obligaten Kuss hob.

Nichts blieb der Katze an übler Nachrede erspart. Rettung kam schließlich von einer Seite, die das verkannte Tier wohl selbst auch nicht erwartet hatte: durch die Pest. Die Katze allein war es nämlich, die es mit der Ratte aufnehmen konnte, und so siegte schließlich – es war nicht das erste Mal – der Nutzen über den Glauben, auch über jenen an Hexen.

Es klingt nicht überraschend zu hören, Friedrich Spee, der den ersten wirkungsvollen Protest gegen die Hexenverfolgungen erhoben hat, sei ein großer Katzenfreund gewesen. Immer wieder gab es bis in die heutige Zeit Bemühungen, die Heiligsprechung dieses mutigen Jesuiten zu erwirken – bis heute vergeblich. Jene dagegen, die im Mittelpunkt des nächsten Kapitels stehen, gehören schon längst zur anerkannten Schar der Heiligen.

Friedrich Spee von Langenfeld (1591–1635)

HEILIGE AUF REISEN

Um es gleich vorweg zu sagen: Es geht in diesem Kapitel nicht etwa um jene bekannten Heiligen, die unser Land in missionarischer Absicht betreten haben wie beispielsweise ein Kolumban oder sein Gefährte Gallus, und auch nicht um Gerold, dessen Pilgerschaft ins Große Walsertal doch eher einer Flucht gleichkam. Es geht auch nicht um unsere »eigenen« Heiligen wie Gebhard, Merbot, Diedo, Ilga oder Fidelis. Uns sollen im Folgenden nur jene beschäftigen, die unser Land als günstige Durchzugsmöglichkeit gewählt haben – jedenfalls laut Legende.

Da man in früheren Zeiten weite Reisen kaum allein unternahm, können wir von vornherein mit Reisegruppen rechnen. Dass es dann allerdings gleich elftausend sein werden, mit denen wir es im ersten Fall zu tun bekommen, mag doch eine Überraschung sein. Allein beim Erwähnen dieser Zahl wird ein einigermaßen Legendenkundiger ahnen, dass es sich dabei nur um die hl. Ursula und ihre vielen Begleiterinnen handeln kann. Es soll um die Mitte des 5. Jahrhunderts gewesen sein, da kam diese stattliche Anzahl von Pilgerinnen auf ihrer Heimreise von einer Wallfahrt

St. Ursula im Schiff, Martinskapelle Bregenz, um 1400

nach Rom *aus Mailandt auf Chur, von danen auf Ranckhweil yber den Naflenbach durch die Gaß neben St. Petters Pfarrkhirchen. Von hie auf Bregenz von danen nocher Cölen.* So schildert der Chronist Johannes Häusle das Großereignis. Es muss beeindruckend gewesen sein: Da zogen an die 11.000 junge Frauen durch unser Land! Über die Hintergründe der Aufsehen erregenden Angelegenheit vermag jedes Legendenbuch Auskunft zu geben. Eine britische Königstochter, bereits verlobt mit einem noch heidnischen Prinzen, war zu einer Wallfahrt nach Rom aufgebrochen. Inzwischen stand diesem mehr als genug Zeit zur Verfügung, sich mit der neuen Religion seiner Zukünftigen anzufreunden. Nach rund drei Jahren hatte Ursula die Romreise hinter sich gebracht und war nun mit ihren Begleiterinnen auf der Heimreise. Deren große Anzahl wird heute kaum mehr ernsthaft behauptet; sie dürfte auf einen Fehler beim Lesen der auf lateinisch geschriebenen Legende zurückgehen: Die Abkürzung »M« für »Märtyrerinnen« war einfach als »mille« – tausend – verstanden worden. Gleichzeitig hatte man damit auch eine einleuchtende Erklärung für die Unmenge von Gebeinen, die in der Nähe von Köln gefunden worden waren.

Autoren, die grundsätzlich allen Legenden misstrauen, wollen in Ursula und ihren Tausenden von Begleiterinnen sogar eine alte Mondgöttin und ihre Kinder, die Sterne, sehen.

Wenn wir bei der bekannten Überlieferung bleiben wollen, hat es sich also bei der Reisegruppe wohl um elf Frauen gehandelt, die in Rankweil Station machten. Das klingt einleuchtend, schließlich kamen die Pilgerinnen aus Richtung Chur und benützten sicher die alte römische Heerstraße, die bereits damals seit langem über Rankweil, Sulz, Röthis und Sankt Arbogast nach Norden führte. Nun hatten sie also wieder eine Etappe geschafft. Sie werden sich ausgeruht, ihre Reisevorräte ergänzt und die Fahrzeuge in Ordnung gebracht haben. Außer sie hatten das Dringendste dieser Art bereits früher erledigt, erwähnt doch der Feldkircher Chronist Johann Georg Prugger

1685: »Etliche thuen andächtig glauben, besagte heilige Gesellschafft habe an jenem Orth gerhuet, allwo jetzt St. Leonhards Kirchen stehet«, beim heutigen Illpark-Platz also.

Das weitere Schicksal der Pilgerinnen war ein düsteres. Sie kamen schließlich nach Köln und gerieten dort in die Hände der Hunnen, die kurz zuvor die berühmte Schlacht auf den Katalaunischen Feldern hinter sich gebracht hatten und nun gerade die Stadt am Rhein belagerten. Prompt interessierte sich deren König Attila für Ursula und natürlich wies ihn diese ab. Es hätte keinen Sinn ergeben, dem Zukünftigen drei Jahre Zeit zu lassen, damit sich dieser mit dem Christentum vertraut machen konnte, wenn sie hier den Hunnenkönig erhört hätte. Die Folgen waren vorauszusehen: Die frommen Frauen wurden *gematheret* und schließlich durch Pfeilschüsse getötet, nach der Legende sogar durch Attila persönlich! Dem wilden asiatischen Reitervolk schob man – nicht nur in Legenden – ohnehin gern alles Böse unter die Sättel.

In den Berichten wird zwar immer von Ursula und ihren Begleiterinnen gesprochen, doch nur selten werden weitere Namen erwähnt. Dabei hat gerade unser Land genug Grund, außer an sie noch an eine weitere dieser jungen Frauen zu denken.

Es ist die hl. Aurelia. Sie hatte das Pech, auf der Reise nach Köln zu erkranken, und musste deshalb in Straßburg zurückbleiben. Wenn man bedenkt, was ihre Gefährtinnen in der Stadt am Rhein erwartete, wäre man geneigt, ihre Krankheit als Glücksfall zu bezeichnen, bewahrte sie diese doch vor dem sicheren Tod. Doch Aurelia entging ihrem Schicksal nicht, denn sie soll – zumindest nach der Le-

St. Aurelia
Legendenwerk, 19. Jh.

gende – schließlich in Straßburg ebenfalls ihr Martyrium erlitten haben. Leider gibt es in ihrer Biografie viele Fragezeichen. Nach einer weiteren Überlieferung ist sie nämlich bereits um rund eineinhalb Jahrhunderte früher ein Opfer der Christenverfolgungen zu Beginn des 4. Jahrhunderts geworden.

Einer der Cäsaren Roms, der sich durch besonderen Eifer in der Verfolgung der missliebigen »Sekte« hervorgetan haben soll, war Diokletian. Von vielen Zehntausenden von Christen, die unter seiner Herrschaft das Martyrium erlitten hätten, kann man da lesen. In Wirklichkeit dachte natürlich auch dieser Kaiser nicht daran die Christen auszurotten. Schließlich bildeten sie zu seiner Zeit bereits einen beträchtlichen Teil der Bevölkerung. Die meisten Bekenner wurden damals wohl eher verbannt oder zur Zwangsarbeit im Bergwerk verurteilt, zweifellos harte Strafen und genug Grund, sich vor Verfolgungen in Sicherheit zu bringen. So mochte sich auch Aurelia gedacht haben und war geflohen. Der Weg, den sie dabei eingeschlagen hatte, lässt sich heute nicht mehr feststellen, dazu ist die Biografie der Heiligen zu ungenau. Nach einer Version soll sie durchs obere Rhonetal und dann über die Furka durchs Rheintal nach Chur gekommen sein. Von dort ging es flussabwärts bis hinunter nach Confluentes, nach Fußach. Beinahe wäre sie schon dort in Gefangenschaft geraten, da rief sie in ihrer Not *die drei heiligen Namen und rettete sich mit einem einzigen Schritt von Fußach nach Lindau auf die »Burg«. Ein Stein im See zeigte noch Jahrhunderte später den Abdruck ihres Fußes.*

Bis in die neueste Zeit hieß es in Lindau von einer weiblichen Person, die recht große Schritte machte: »Die hat Orillen-Schritt« waren es doch immerhin rund acht Kilometer Luftlinie, die das wackere Mädchen mit einem einzigen Schritt hinter sich gebracht hatte. Dann war sie, so scheint es jedenfalls, nach Basel weitergeeilt und schließlich in Straßburg gestorben. »Keine sesshafte Heilige!«, schreibt Arno Borst, »man begreift, dass die Bregenzer Bauern mit ihr nichts anzufangen wussten und eine Aurelia-Kapelle für heidnische Feste verwendeten, bis der Wanderer Kolumban kam und die Kapelle neu weihte.«

Ebenfalls in Richtung Straßburg unterwegs war – allerdings um etliche Jahrhunderte später – eine Reiterschar, unter der sich der nächste angehende Heilige befand. Ob die Reisegesellschaft dabei jedoch unsere Seite des Rheins gewählt hat, ist nicht zu belegen. Auch der spätere Anspruch auf die Ehre der Altäre braucht bei ihm damals noch nicht sicher gewesen zu sein, um diese Zeit war er nämlich – es handelt sich um einen gewissen Eligius – noch Berater des fränkischen Königs Dagobert und überdies dessen Münzmeister. Heute würde man dazu Finanzminister sagen, und bei einem Leiter dieses Ressorts von einem Heiligen zu sprechen, klingt wohl mehr als überraschend. Aufhorchen lassen hatte er spätestens durch sein damals bereits berühmt gewordenen »Beschlagwunder«. Es war dabei darum gegangen, ein Pferd mit Hufeisen auszustatten,

St.-Loy-Gruppe, Loykapelle, Götzis

dessen Besitzer kein Geringerer als der gerade erwähnte Frankenkönig war. Vielleicht wollte dieser den Mann prüfen, der ihm da empfohlen worden war, und hatte sich deshalb eine derart ausgefallene Probe ausgedacht, dass wohl auch Eligius zuerst glaubte, sich verhört zu haben. Die Hufe sollten mit Silber beschlagen werden, mit einem Metall also, das weicher war als Kupfer und sich für diesen Zweck überhaupt nicht eignete! Das Ganze hörte sich geradezu nach jenem ausgefallenen Befehl des berüchtigten römischen Kaisers Nero an, der ebenfalls darauf bestanden haben soll, seinem Leibross solche silbernen »Hipposandalen« – so nannte man die Hufbekleidungen mit Sohlen aus Metallplatten – anfertigen zu lassen.

Eligius entledigte sich des königlichen Auftrags mit Bravour. Als er merkte, dass das Ross eher zur störrischen Art gehörte, schnitt er ihm in aller Seelenruhe ein Bein nach dem andern ab, beschlug die Hufe und setzte dem sicherlich verdutzten Gaul die Laufwerkzeuge problemlos wieder an. Das erstaunliche Geschehen sprach sich bald herum; ein Gehilfe des kunstreichen Schmiedes glaubte zwar, dazu sei er auch in der Lage, doch er scheiterte kläglich, so dass Eligius die Sache zu einem guten Ende bringen musste. Das Pferd dürfte es ihm gedankt haben! Die eigentlichen Verdienste erwarb sich der später heilig Gesprochene natürlich nicht mit solchen Kunststücken, sondern erst nach dem Tod seines königlichen Freundes, als er Bischof von Noyon (nordöstlich von Paris) geworden war.

Ob der berühmte Schmied und spätere Ratgeber seines Königs jemals an jener Stelle zu Füßen von Neu-Montfort bei Götzis vorübergeritten ist, an der heute ihm zu Ehren die kleine Kapelle von St. Loy steht, muss Vermutung bleiben. Eine Reise Dagoberts durch den östlichen Teil des Frankenreichs, zu dem auch Churrätien gehörte, ist jedoch ausreichend dokumentiert. Die damalige Route des Königs etwa dadurch festzulegen, dass dieser doch im Klauserwald auf den berühmten

Einsiedler Arbogast gestoßen sei, schlägt leider fehl. Der spätere Straßburger Bischof dürfte sich höchstwahrscheinlich nie in dieser Gegend aufgehalten haben, außerdem lag er um diese Zeit bereits seit rund achtzig Jahren in seinem Grab.

Auch beim nächsten Heiligen schaut es in puncto Überprüfbarkeit des Geschilderten nicht viel besser aus. Dass nämlich der hl. Ulrich auf einer seiner vielen Reisen auch nach Möggers gekommen sein soll, muss Legende bleiben. Mit ziemlicher Sicherheit sprudelte das Brünnlein, das dort eifrig besucht wurde, bereits bevor der spätere Bischof von Augsburg mit seiner ermatteten Schar vorübergezogen sein soll. »Die Überwindung des heidnischen Wasserkults gelang dem Christentum erst dadurch, dass es die Quellen selbst christianisierte, ihnen einen christlichen Sinn gab.« So sah es ein namhafter Volkskundler, der absolut nicht im Verdacht steht, in seinem Erklärungseifer übers Ziel hinausgeschossen zu haben, war es doch Christian Caminada, der spätere Bischof von Chur.

Damals habe – so schreibt die Bregenzer Sagensammlerin Sophie Dörler – Ulrich in St. Gallen studiert und sei auf sei-

Ulrichskapelle, Möggers

nem Weg über Möggers gezogen. Tatsächlich hat der Spross einer alamannischen Adelsfamilie diese berühmte Klosterschule anfangs des zehnten Jahrhunderts besucht. Rund hundert Jahre später soll dann in Möggers, nahe der Grenze zu Deutschland, eine erste Kapelle erbaut worden sein, deren Altar über jener Ulrichsquelle steht.

Der spätere Bischof von Augsburg hat in seinem Leben oft mit König Otto dem Großen zu tun gehabt. Besonders zu jener Zeit, als er ihm mit seinen Streitkräften half, im Jahre 955 vor den Toren Augsburgs auf dem Lechfeld mit den Ungarn fertig zu werden. Sieben Jahre später begab sich Otto nach Rom, um sich zum Kaiser krönen zu lassen.

»O reiserei, du harte speis,
wie tust du mir so weh im pauch!«

So könnte er gesagt haben, denn auch wenn Otto I. König und auf dem Heimweg sogar Kaiser war, Reisen war in jenen Zeiten kein Vergnügen. Beschwerlich, langsam und gefahrvoll war der Zug übers Land. Auf Straßen, die mehr steinigen Feldwegen glichen, ging es durch finstere Wälder und auf halsbrecherischen Pfaden über die Alpenpässe. Schon 951 war der König mit einem Heer über den Brenner unterwegs gewesen. Für größere Trosse bot damals dieser Übergang neben dem Großen St. Bernhard und dem heute verödeten Septimer die einzige Möglichkeit die Alpen zu überqueren. Historisch bedeutend waren auch der Mont Cenis und der Lukmanier, über den außer Otto I. auch mancher andere Gekrönte reiste.

Heinrich II. zum Beispiel, Heinrich der Heilige. Es war im Jahre 1004, als er seinen ersten Italienzug unternahm, dem noch zwei weitere folgen sollten. Bei welchem er dabei auf der Neuburg Station gemacht hat – falls es sich tatsächlich so verhält –, wird sich wohl nie mehr klären lassen. Auch wenn die erste urkundliche Erwähnung von »Nuenburc« aus dem Jahr 1152 stammt, braucht dies ja nicht zu heißen, dass auf dem Neuburghorst nicht schon früher eine Burg stand. Als der

Dornbirner Walter Weinzierl im Jahr 1948 hier ein gutes Dutzend Münzen fand, war darunter auch eine mittelalterliche Silbermünze eines Kaisers Heinrich.

Die »Neuburgischen«, also die Koblacher, waren jedenfalls von der ehemaligen Anwesenheit des heiligen Herrschers überzeugt, und *zum Andenken daran ist ihm später die Schloßkapelle geweiht worden. Sie halten deshalb auch am Heinrichstag einen feierlichen Umgang mit Kreuz und Fahne.*

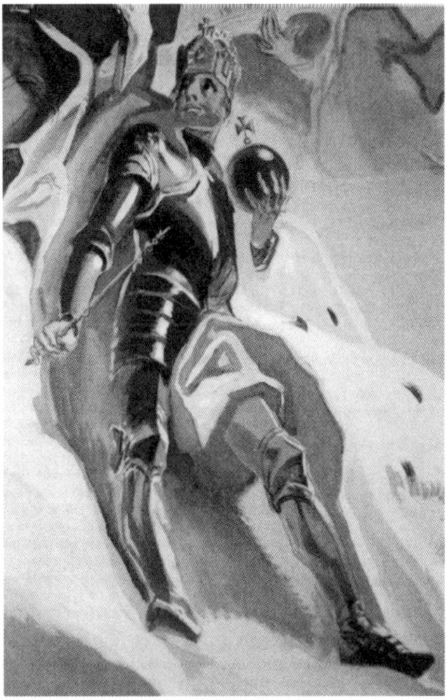

Heinrich der Heilige
Wolfram Köberl, 1965

Über lange Zeit hindurch war in der alten Schlosskapelle wöchentlich die Messe gelesen worden. Das fand mit dem allmählichen Zerfall der Burg um die Mitte des 18. Jahrhunderts ein Ende. Die Pfarrei war zwar »gehalten, jährlich am Feste des heil. Kaisers Heinrich … mit Prozession nach dem Schlosse Neuburg zu gehen«, doch nachdem die ehemals stolze Feste im Jahr 1769 regelrecht abgebrochen worden war, scheint auch dies damals oder kurz darauf ein Ende gefunden zu haben; schließlich folgte nun die josefinische Zeit und damit das Ende der meisten Wallfahrten und Prozessionen. Später wurde der alte »Heinrichs-Umgang« wieder aufgenommen, sein Weg führte nun jedoch in unmittelbarer Nähe der heutigen Pfarrkirche. Dort, im neubarocken Gotteshaus, zeigt ein Deckenfresko zahlreiche Heilige, unter denen auch der letzte der Sachsenkaiser in ritterlicher Rüstung, im Hermelinmantel und mit kaiserlichen Insignien zu erkennen ist.

Nicht weit davon entfernt, in Hohenems, ist an der Decke der Pfarrkirche jener Heilige zu sehen, dem auch das Gotteshaus selbst geweiht ist und von dem im Folgenden die Rede sein soll.

Im Jahre 1570 begab sich Carlo Borromeo, der Kardinal von Mailand, auf eine Visitationsreise durch die Schweiz. Dabei kam er über den St. Gotthard nach Altdorf am Vierwaldstättersee. Dann ging die Reise nach Sachseln ans Grab des Bruders Klaus von der Flühe, von dort nach Luzern und dann hinüber zum Zürichsee über Uznach nach Wattwil. In der Nähe übernachtete er incognito mit seiner kleinen Reisegesellschaft und gelangte schließlich über Flawil und Gossau nach St. Gallen. Ein Tor erinnert noch heute an seinen Einzug in den Klosterbezirk. Der Abt begleitete ihn nach Rorschach und dann ging es nach Hohenems. Dort lebte nämlich seine Stiefschwester Hortensia, die Frau des Emser Grafen Jakob Hannibal, und die wollte er bei dieser Gelegenheit besuchen.

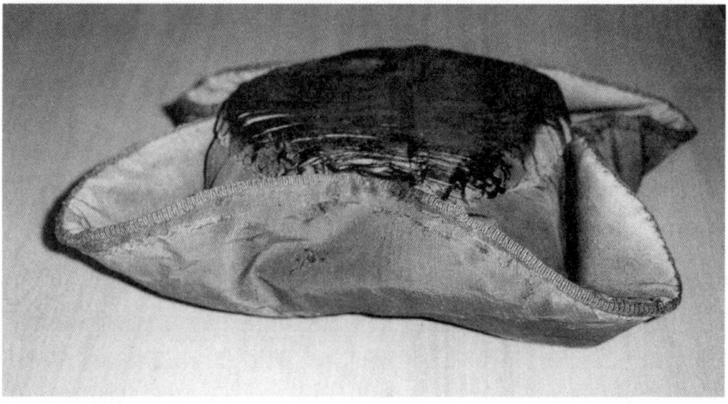

Karls-Käpple

Natürlich hat auch die Sage das Andenken an den berühmten Kardinal bewahrt. *So wollten die alten Leute noch genau den Saal wissen, in dem Karl damals gewohnt habe. Er habe sich in dem der Reichsstraße am nächsten gelegenen Eckturme aufgehalten. Auch das Bett, in dem der Kirchenfürst geschlafen habe, sei erst vor etlichen Jahrzehnten weggeführt worden. Die es damals gesehen haben, sagen, es sei ein sehr schönes Himmelbett gewesen.* So berichtet der Emser Sagensammler Franz Häfele, und – abgesehen von der Reichsstraße, die inzwischen schon längst Marktstraße heißt, – hat sich seit dem denkwürdigen Besuch in den letzten Tagen des Jahres 1570 zumindest äußerlich am Palast nicht allzu viel verändert.

Ja, und dass später oft des Nachts ein Licht im Zimmer dieses Turmes, in dem Karl gewohnt habe, beobachtet worden sei, erzählte man sich auch. Sobald aber jemand nachgeschaut habe, sei es erloschen und die Türe sei sogar versperrt gewesen.

Dass ein standesgemäßes Übernachten während der paar Tage des hohen Besuchs möglich war, braucht nicht bezweifelt werden. Zu dieser Zeit wurde in Ems gerade fleißig gebaut. Acht Jahre zuvor hatte man am Fuß des Schlossfelsens mit der Errichtung eines Renaissance-Palastes begonnen, der im Jahre 1570 sicher schon teilweise bewohnbar war. Gleichzeitig war auch das Stammschloss Alt-Ems zu einer angemessenen Residenz für das junge gräfliche Paar ausgebaut worden. Wenn man bedenkt, dass Karl seine Schwester seit ihrer Abreise aus Rom vor drei Jahren nicht mehr gesehen hatte, ist zu vermuten, dass er damals auch dort oben untergebracht worden war, zumal er sich stets über das Wohlbefinden seiner Verwandten freute, speziell das seiner Schwester und deren kleinen Tochter Margareta, die der Onkel in seinen Briefen gern als »la puttina« bezeichnete. Gerade während der Besuchstage herrschte auf Alt-Ems große Trauer, war doch erst etliche Tage zuvor bereits der zweite Stammhalter im zarten Alter von knapp drei Wochen verstorben. Es ging Karl also wohl auch darum, möglichst in der Nähe seiner Schwester zu sein, um sie zu trösten und aufzuheitern, so gut es ging. Andererseits hatte er als Kardinal im Rahmen seiner Visitation auch administrative Aufgaben wahrzunehmen, die vom Palast aus sicher besser zu erledigen waren. Und dass dort später nach seinem Besuch noch des Nachts Licht gesehen wurde, deutet an, dass er seine Arbeit mehr als ernst genommen haben dürfte. So ernst, dass er schließlich sogar noch sein Käpple vergaß. Die Hohenemser haben es ihm gedankt und es bis heute in Ehren gehalten. Und natürlich wurde dann im Jahre 1806 die neue Pfarrkirche außer zu Ehren der Himmelfahrt Mariens auch zu jener Karls geweiht. In jüngster Zeit wurde am »Schiffle-Weagle« für den Mailänder Kardinal eine Gedächtnis-Säule aus einer 200-jährigen Mooreiche aufgestellt.

Borromäus-Säule
Wendelin Hammerer. 2001

Ebenfalls gut bezeugt ist der Besuch in unserem Land bei der nächsten Heiligen. Es war im Juli des Jahres 1856, da erfüllte sich Magdalena Sophie Barat, die Gründerin und Generaloberin der »Dames du Sacré Cœr«, einen langjährigen Wunsch und besuchte eine ihrer Gründungen, die ihr besonders am Herzen lag, die Riedenburg bei Bregenz. Auf das Anwesen war man im Orden erst einige Jahre zuvor aufmerksam geworden, als es von seinem damaligen Besitzer zum Verkauf angeboten worden war. Im Dezember 1853 waren die Frauen vom Heiligsten Herzen Eigentümerinnen der Riedenburg. Nach einer Besichtigung durch einen Hausgeistlichen des Ordens schrieb dieser, von der Neuerwerbung begeistert, an die Generaloberin. Dabei kam er auch auf die Umgebung zu sprechen und meinte: »Hier ist Bregenz, von welcher Stadt man sagt, daß sie nach Neapel und Konstantinopel die schönste Lage Europas habe.« Am 14. April des nächsten Jahres begann der Internatsbetrieb mit fünf Mädchen; es war ein denkwürdiger Tag, und zwar nicht nur für die Neugründung, an diesem Tag vermählte sich in Wien der 23-jährige Kaiser Franz Joseph mit der 16-jährigen bayrischen Prinzessin Elisabeth, seiner »Sisi«.

Gut zwei Jahre später, im Juli 1856, brachte ein Dampfschiff Mutter Barat auf der letzten Etappe ihrer Reise von Friedrichshafen nach Bregenz.. Mit Salutschüssen wurde sie an der Riedenburg empfangen. Als am nächsten Tag der Bischof von St. Gallen eintraf, kam es zu einer geradezu heiligen Auseinandersetzung, wer wen zuerst segnen solle.

Magdalena Sophie Barat (1779–1865)

Die Ordensoberin stand zu dieser Zeit im Alter von 77 Jahren; vier Tage nach ihrer Ankunft erkrankte sie schwer und musste das Bett hüten. Über die Zukunft der Riedenburg aber hatte sie klare Vorstellungen und erklärte ihren Ordenstöchtern: »Heute früh habe ich unseren Herrn um Schülerinnen gebeten. Er möge 60 Schülerinnen auf die Riedenburg schicken.« Vierzehn Tage später reiste sie wieder ab. Trotz der Sommerhitze war sie nicht zu bewegen, das Deck des Dampfschiffs zu verlassen. Unverwandt schaute sie auf die Riedenburg, bis diese nicht mehr zu sehen war. Und in einem ihrer vielen Briefe, die sich erhalten haben, schrieb die inzwischen 85-Jährige ein Jahr vor ihrem Tod: »Wäre ich weniger alt und gebrechlich, wie gern würde ich dann die Reise nach Riedenburg unternehmen ...«. 1925 wurde Magdalena Sophie Barat von Pius XI. heilig gesprochen.

Ein Incognito-Übernachten, wie es oben von Karl Borromäus erwähnt wurde, war beim Letzten unserer Reisenden sicher nicht nötig. Auch heutzutage ist sein Name nur wenigen bekannt und er würde durch sein Auftreten kaum großes Aufsehen verursachen. Es ist der hl. Benedikt, doch es geht im Folgenden nicht etwa um den großen Ordensgründer und Vater des abendländischen Mönchtums, sondern um Benedikt Josef Labre, einen »Pilger aus Passion«. Auf ihn ist man fast geneigt, das geflügelte Wort vom »sonderbaren Heiligen« anzuwenden. Der gebürtige Nordfranzose war bereits als Kind aufgefallen, als er eine große Zuneigung zu kirchlichen Handlungen und Übungen zeigte. Mit dem Lernen und dem Studium wollte es dann allerdings nicht so recht klappen, und so war ihm der Weg zum Priestertum versperrt. Man schlug ihm vor, ins Kloster zu gehen, doch zuerst lehnten ihn die Kartäuser ab und dann die Zisterzienser. Schließlich kam er bei den Trappisten als Frater Urban unter. Nicht für lange, da entfloh er der klösterlichen Gemeinschaft. Dann aber, man schrieb das Jahr 1770, entdeckte er seine wahre Berufung: Als Pilger und Bettler reiste er durch die Länder und innerhalb von dreizehn Jahren besuchte er alle wichtigen Wallfahrtsstätten. Während seiner Reisen sprach er so gut wie nie. Unbeeindruckt vom Spott, der ihn auf seinen Wegen sicher oft begleitete, lebte er als »Berufspilger«. Immer wieder kehrte er

Benedikt Labre
A. Cavalluci, 18. Jh.

von seinen Wallfahrten nach Rom zurück. Dort brach er eines Tages, kaum 35 Jahre alt, erschöpft und ausgezehrt, in einer Kirche zusammen und verstarb.

Der Rankweiler Johannes Häusle kommt, nachdem er in seiner Chronik an die fünfzig weniger oder mehr bekannte Wallfahrtsstätten aufgezählt hat, zum Schluss, *das die Wahlfarth auf Unser L. F. B. zu Ranckhweil die eltiste Wahlfarth seye* und Rankweil somit wohl zu den wichtigsten Wallfahrtsstätten gehöre. Es dürfte dennoch sehr fragwürdig bleiben, deshalb die Anwesenheit dieses heiligen Pilgers in unserem Land anzunehmen. Auch dann, wenn ein mündlicher Bericht aus Nenzing vorliegt, in dem eine Frau aus Mariex davon erzählt hat. Da es sich dabei nicht etwa um einen Text aus unseren bekannten Sagensammlungen, sondern sozusagen um eine »Primärquelle« handelt, soll sie auch in der Mundart von Nenzing wiedergegeben werden. Karl Gamon, der ehemalige Hauptschuldirektor von Nenzing, hat die Sagen seiner Heimatgemeinde zusammengetragen und berichtet:

»Frau Lisa Egger von Mariex hot miar vor a paar Johr verzellt, sie heien im Hus a Goldschüssla ka, a so äne hei ma niana kennt. Dr Großvater hei iahra öfters gset, dr heilig Benedikt Labre sei of dr Wallfahrt vo Frankrich ge Rom beiana unter dr Schtega über Nacht bliba und hei döt gschlofa. Dia Schüssla hei er albes zum Trinka bei em ka. Er sei voll Lüs gse, tötet hei er aber käne, er hei alle i dia Schüssla ihne gschoba. Jedes Johr sei er be dena Wallfahrta be ihna über Nacht bliba.«

Was die Läuse anbelangt, befand sich der fromme Pilger übrigens in guter Gesellschaft anderer Heiliger. »Es gab Zeiten, da hielt man es für ein Zeichen von heiligmäßiger Nachsicht, wenn jemand dieses Ungeziefer bei sich duldete«, behauptet ein namhafter heutiger Sozialhistoriker und fährt mit einem Beispiel fort: »Die Männer, die den Leichnam von Thomas Becket, dem Erzbischof von Canterbury, entkleideten, waren bewegt, so viele Läuse bei ihm zu finden.«

Noch ein Beispiel gefällig? »Ich will, dass meine einfachen Brüder an meinem Haupt teilhaben«, sagte Franziskus, als man ihm eine Tonsur schneiden wollte. Es heißt, in diesem Ausspruch drücke sich die Bescheidenheit des Mannes aus Assisi aus, der nicht über seinen Mitbrüdern stehen wollte und auf höhere Weihen verzichtet habe. Natürlich besteht nicht der mindeste Zweifel, dass seine Äußerung franziskanischer Überzeugung entsprach, ebenso einleuchtend ist jedoch auch die Erklärung, er habe mit den erwähnten »einfachen Brüdern« seine Läuse gemeint. Bei den Franziskanern hat sich Benedikt Labre nie um Aufnahme beworben, dabei hätten gerade die Jünger des Franz von Assisi wahrscheinlich am ehesten Verständnis für ihn aufgebracht.

Wenn wir schon einmal auf das lästige Tierchen mit dem schönen Namen »Pediculus capitis« – die Kopflaus – zu sprechen gekommen sind, mag es uns noch ein wenig weiter beschäftigen. Das Thema, das dabei zur Sprache kommen wird, mag im ersten Moment allerdings eine gewisse Überraschung bedeuten!

VON VERLIEBTEN UND TREULOSEN

So sehr wir heute beim gelegentlichen Auftreten der im vorigen Kapitel erwähnten Kopfbewohner erschrecken und alles unternehmen, diese möglichst bald wieder loszuwerden, so wenig dramatisch sah man das Vorkommen der Läuse in früheren Zeiten. Ja, es war sogar so, dass man ihr Auftreten mancherorts für ein gutes Zeichen hielt. Mütter zum Beispiel sahen sie auf den Köpfen ihrer Kinder als lebendigen Beweis der Gesundheit ihres Nachwuchses, gediehen diese Tierchen nach allgemeiner Überzeugung doch nur auf Haarschöpfen gesunder Sprösslinge. An der Tatsache, dass sie sich auch auf saubersten Köpfen durchaus wohl fühlen, lässt sich übrigens nicht rütteln; Läuse zu bekommen ist nämlich nicht unbedingt eine Frage fehlender persönlicher Sauberkeit.

Das schöne und reiche Mädchen, von dem eine Sage aus dem Großen Walsertal erzählt, wird keine derartigen Überlegungen angestellt haben, als es eines Tages – wohl etwas vorschnell – einem Verehrer gegenüber den Schwur tat: »Wenn ich dich nicht heirate, sollen mich die Läuse fressen!« Bald darauf stand sie mit einem anderen vor dem Traualtar. *Ein paar Jahre lebte sie in Gesundheit und Frieden, dann fing sie an zu kränkeln und wurde schließlich trotz aller ärztlichen Hilfe von Läusen buchstäblich gefressen. Das ist der Fluch der hochbeteuerten Treue, die sich in Untreue verwandelt!* Der Volksglaube sagt zwar, Läuse würden bei Sterbenden

Entlausung – Holzschnitt, 1491

den Kopf verlassen, aber wo bliebe dann die »Moral von der Geschicht'«? Das Ganze klingt indes derart unglaublich, dass hinter den Läusen wohl eher ein anderes Übel vermutet werden darf. Es spricht einiges dafür, dass die Tierchen ihren Platz in der Sage nur wegen des einstigen, leichthin gesagten Schwures bekommen haben.

Nicht besser mit seinem gebrochenen Versprechen soll es einem Burschen in Fontanella ergangen sein. Diesmal ist mit dem 11. November 1813 sogar ein genaues Datum überliefert. An diesem Martini-Tag kniete er neben seiner Auserwählten in der Kirche vorn auf den Stufen des Altars, *daß der Pfarrer sie zusammengebe. Doch kaum hatte dieser die hochzeitlichen Gebete und Fragen begonnen, so sank der Bräutigam neben der Braut tot zu Boden. Voll Schrecken sahen es alle. Er hatte einem andern Mädchen das Heiraten versprochen und dabei geschworen: »Am Hochzeitsaltar soll ich tot umfallen, wenn ich eine andere statt dich heimführe!«*

Bei einem Blick in die Aufzeichnungen des Pfarramts darf man sich natürlich keine Aufhellung in dieser düsteren Geschichte erwarten, schließlich werden im entsprechenden Vermählungs-Buch nur jene Hochzeiten angeführt, die klaglos über die Bühne – besser gesagt über die Stufen des Altars – gegangen sind. Auch im damaligen Totenbuch findet sich für die Tage nach Martini des erwähnten Jahres kein Beerdigungs-Eintrag. Natalie Beer hat die denkwürdige Begebenheit unter dem Titel »Der falsche Schwur« verarbeitet, das Geschehen allerdings zeitlich um fünfhundert Jahre zurückverlegt. Bei ihr begegnet Christin – die sitzen gelassene Braut – am Hochzeitsmorgen ahnungslos dem aufgeputzten Hochzeitsgespann. Sie sinkt zu Boden, Frauen müssen ihr beistehen und sie heimbegleiten. Bald darauf verlässt sie mit einem Bündel ihr Elternhaus, um zu ihrer Base nach Damüls zu gehen. Zu dieser Zeit stellt der Pfarrer dem Hochzeiter gerade die entscheidende Frage, und die Gläubigen in der Kirche von Fontanella horchen

Hochzeit im Bregenzerwald – Albert Kretschmer, um 1870

sicher wie stets gespannt auf das Ja, gibt doch dessen Tonfall noch lange Zeit Anlass zu freundlichem Gespött unter den Bekannten. Doch es kommt nicht mehr dazu. Lautlos ist der Bräutigam umgesunken, die Braut erbleicht, der Messner fängt sie gerade noch rechtzeitig auf. Schon während der Messe hat der Vater Christins die Kirche verlassen, um seine Tochter zu suchen. Erst gegen Abend wird sie von ein paar jungen Leuten, die übers Faschinajoch herübergekommen sind, gefunden, tot, das Bündel in den erstarrten Händen.

Der Realismus, mit dem sowohl die Sage als auch Natalie Beer das Geschehen schildern, wird in der nächsten Sage noch um einiges überboten. Diesmal geht es um einen Bergknappen von »Bartelmäberg«, also von Bartholomäberg, einem uralten Bergbaugebiet unseres Landes. Auch er war einer, der einem Meiggi die Heirat versprochen hatte, diesem dann untreu wurde und mit einer anderen ging. Das verlassene Mädchen wollte wissen, woran es war, und stellte ihn zur Rede. Da stritt er alles ab, dabei war er mit der anderen schon auf dem Markt in Bludenz gewesen und hatte mit ihr alles Notwendige zur Hochzeit gekramt. Natürlich sei sie seine Zukünftige, beteuerte er, und wenn er je eine andere heirate, so solle ihn der Teufel holen. Man kann sich bereits denken, wohin die Sache führte.

Nach wenigen Wochen stand der Treulose mit der neuen Braut vor dem Altar. *Als er aber in der Kirche war und der Priester daranging, die Gespusen einzusegnen, floh der Bursche auf einmal wie in tödlicher Angst von der Seite der Braut weg; und er floh zur Kirche hinaus und weiter über den Friedhof und mit einem Sprung über die Mauer, als ob ihn der Böse jage.* Und tatsächlich, es war der Teufel, der hinter ihm her war! So richtig gesehen hatte ihn zwar keiner, doch immerhin konnte der Messner noch beobachten, wie sich urplötzlich die Erde auftat und wieder schloss. Der Bursche aber blieb spurlos verschwunden. Noch heute steht bei der alten Kirche von Bartholomäberg ein uraltes steinernes Kreuz und kennzeichnet jene Stelle, an welcher der Erdboden den Frevler verschluckt haben soll.

»Es scheint, dass im »Verspruch« alter Sitte mehr Verpflichtung als in der neumodischen Verlobung lag«, schreibt der Volkskundler Karl Ilg und fährt weiter: »Ein Bruch des Versprechens wurde bei den Walsern sogar richterlich geahndet.« In der Folge zitiert er aus einem St. Geroller Verhörsprotokoll aus dem Jahre 1715, wonach ein solcher »Verspruch«-Brüchiger zu einer Geldstrafe verurteilt worden war.

Steinkreuz in Bartholomäberg

Die nächste Sage hat der Montafoner Hans Barbisch erzählt, und diesmal kommt noch etwas dazu, was es sicher nicht nur in dieser Talschaft gegeben haben wird: Der Wortbrüchige, er heißt Hannes, wusste sicher, dass seine Susanna nicht allein sitzen geblieben war. Bald nachdem er eine andere geheiratet hatte, ging er auf die Gemsenjagd und kam nicht wieder. Erst nach Jahren fanden zwei Jäger in einer tiefen Kluft des Hochgebirges ein Skelett. Es wurde ins Tal gebracht und *es hieß allgemein, daß der Knochenmann niemand anderer als der gewissenlose Hannes sei. Auch Susanna, deren Kindlein bald nach seiner Geburt zum Himmel flog, war der gleichen Meinung und wurde darin noch bestärkt, als der Mesner die Schauermär verbreitete, daß das Gerippe aufrecht stehe und zu mitternächtiger Stunde wie eine Windmühle klappere.* Bald erzählte man sich überall in der Gemeinde vom »Klapperhannes«, sogar die Kinder wurden damit geschreckt, indem man ihnen drohte: »Wart nu, d'r Klapperhans kunnt!«

Barbisch erzählt dann noch die Fortsetzung der unheimlichen Begebenheit. Es war einige Zeit später, und das Gerippe befand sich noch immer im Beinhaus. Da kamen eines Abends ein paar Hengertbuben ins Haus, in dem Susanna diente, auf Besuch. Die Spinnrädchen schnurrten und der Ätte erzählte Butzgeschichten. Dann aber kündigte einer der Burschen an, er hole jetzt auf der Stelle den Klapperhannes, dann könne man ja einmal überprüfen, ob er tatsächlich klappere. Der Weg zur Kirche war nicht weit, bald darauf kam er tatsächlich mit dem Knochengerüst zurück und lehnte es an die Stubentür. Schwül war die Stubenluft und die Meiggana schmiegten sich aneinander. Doch keine Spur von einem Klappern war zu hören! »Schluss!«, rief die Mutter. »Pack di fort möt dem grusiga Kärle!« Doch der war nicht mehr von der Stelle zu bringen, *wie festgebannt stand er auf seinem Platz. Entsetzen malte sich auf jedem Angesicht, und die Weibspersonen flohen in die mit einer geweihten Kerze beleuchteten Nebenkammer. Nur Susanna faßte Mut, schritt zur Stubentür, netzte die Finger mit Weihwasser, besprengte damit den Knochenmann, indem sie leise sprach:»Gsäg is Gott, das heilig Krüz, alls sei verziha!«* Da brach das Knochengerüst zusammen und übrig blieb nichts als ein Häuflein Asche. Susanna sammelte den Staub, um ihn auf dem Friedhof auszustreuen.

Hat der Bergknappe von Bartholomäberg sein schlimmes Ende in gewissem Sinne selbst herbeigerufen, so ist es im nächsten Fall ein Nenzinger, dessen Schwur geradezu fatalistisch klingt, fast so, als ob er bereits damit gerechnet hätte, dass alles eintreffen würde, was die Sage in der Folge erzählt. Auch er hatte einem Mädchen das Heiraten versprochen und geschworen: *»Wenn ich eine andere heirate als dich, sollen meine Frau und unsere Kinder nicht im Bett sterben, sondern durch Unglück in allen Himmelsrichtungen ums Leben kommen.«* Bald darauf verehelichte er sich tatsächlich mit einer anderen. Und dann kam es, wie er es vorhergesagt hatte. *Sein ältester Sohn kam beim Holzfällen* *im Gamperdona ums Leben. Der zweite Sohn geriet im Böschiswald unter einen Schlitten Holz und wurde erdrückt. Der dritte Sohn wollte mit einem Kameraden in der Nacht Schmuggelware nach Thüringen bringen. Weil die Illbrücke von Finanzern besetzt war, versuchten sie, den Fluß zu durchwaten und ertranken beide. Die Mutter aber bekam auf einer Wallfahrt nach Maria Ebene einen Blutsturz und starb am Wege.* »In allen vier Himmelsrichtungen starben sie, meine Frau und meine Kinder, jäh und durch meine Schuld«, soll der Mann in alten Tagen noch oft gesagt haben. Die Frage, warum hier Frau und Kinder für etwas büßen mussten, das sie nicht verschuldet hatten, stellt sich in der Sage nicht, allein das Unglück zählt, das der unbedachte Schwur ausgelöst hat.

Nicht gerade die Heirat versprochen, diese aber immerhin beabsichtigt hatten zwei Burschen in Marul. Dabei ging es um das gleiche Mädchen. Dieses half gelegentlich der Köchin des Pfarrers bei der Wäsche, und als es eines Abends nach getaner Arbeit wieder heimgehen wollte, weinte es. Auf die Frage des Geistlichen nach dem Grund seiner Traurigkeit erzählte die Wäscherin, sie habe Angst, dass ihr die beiden Verehrer aufpassen würden. Der Pfarrer beruhigte sie und brachte ihr eine Laterne mit einem Lichtlein drinnen und sagte, sie solle es nur brennen lassen, auch wenn's nicht dunkel sei, und wenn sie zu den Burschen komme, solle sie ihnen ungeniert

Mädchen mit Laterne
L. Richter, 1857

ins Gesicht leuchten. Das Mädchen mochte zwar bei sich denken: Der Pfarrer hat gut reden, aber schließlich fasste sie sich ein Herz und ging mit der Laterne los. *Als sie zu den Burschen kam, standen die starr und stumm da, und keiner gab ihm einen Blick; noch vom Kammerfensterlein aus sah es die Buben wie angewurzelt stehen. Am anderen Tage lachte der Pfarrer, er habe die Burschen bis drei Uhr in der Frühe stehen lassen, damit sie »verkuahla« könnten.*

Auch das Mädchen mag vielleicht zuerst über die gelungene »Abkühlung« gelacht haben. Doch das Lachen verging ihm, als es bald darauf merkte, dass sich von nun an kein Verehrer mehr sehen lassen wollte. Und zwar nie mehr! Obwohl in der Sage betont wird, es sei sehr schön gewesen, bekam es keinen Mann, da es seitdem als Hexe galt.

Nicht viel besser erging es einem Mädchen aus der Alpenstadt, das vor rund einhundert Jahren mit zwei Begleiterinnen eine Wallfahrt nach Rankweil machte. In einer Wirtschaft setzte sich ein Fremder zu den dreien und begann dem hübschen Frauenzimmer den Hof zu machen. Obwohl der Kerl immer zudringlicher wurde, schenkte ihm die Bludenzerin kein Gehör. Ob er wenigstens auf ihr Wohl trinken dürfe, bat er schließlich, und – vielleicht um ihn damit loszuwerden – tat sie ihm den Gefallen und trank ihm ebenfalls zu. *Im selben Augenblick wurde das Mädchen schwermütig und nach und nach ganz verrückt.*

Das Zuprosten war eben doch nicht immer so harmlos, wie es den Anschein hatte. Die Vermutung hat einiges für sich, so ein Zutrinken komme eigentlich daher, dass man damit in früheren Zeiten dem Gast die Vorstellung nehmen wollte, der Trank sei etwa vergiftet. In dieser Sage scheint er das wirklich gewesen zu sein, und zwar auf eine ganz besondere Art.

Noch einer weiteren Bludenzerin wäre es vielleicht ähnlich schlimm ergangen. Dass es nicht so weit kam, dafür konnte sie ihrer Mutter danken. Diese war bereits Witwe und hatte in

Liebessachen schon ihre Erfahrungen gemacht und gleich Verdacht geschöpft, dass hier etwas nicht mit rechten Dingen zugehen mochte, als ihre Tochter von ihrem Verehrer ein Geschenk bekommen hatte. Dieser war als Soldat einige Zeit im Bludenzer Schloss Gayenhofen einquartiert gewesen und gerade nach Bregenz versetzt worden. Beim Geschenk ging es um einen Eierzopf, den das verliebte Mädchen sicher gern verzehrt hätte. *Die Witwe warnte ihre Tochter vor dem Essen dieses Zopfes und gab zuerst ein Stücklein davon einer Geiß. Kaum hatte das Tier den Bissen gefressen, so wurde es ganz wild, riß die Kette ab, sprang zum Stall hinaus und lief schnurstracks nach Bregenz. Der betreffende Soldat befand sich gerade auf der Hauptwache, als die Geiß auf ihn losstürzte.* Man kann sich das Gelächter seiner Kameraden vorstellen, zumal dann, wenn er diesen etwa bereits das Kommen des Mädchens angekündigt hatte.

Burchard von Worms, ein Bischof des beginnenden 11. Jahrhunderts, der sich ausgiebig mit abergläubischen Bräuchen beschäftigt hat, erwähnt in seinen Schriften einmal, wie ein Liebeszauberbrot hergestellt werden könne: Da knieten sich die Weiber nieder und ließen sich auf ihren nackten Hinterbacken jenen Teig kneten, aus dem sie anschließend Brot backten, um mit diesem Männer liebestoll zu machen. Für den Fall des verliebten Soldaten trifft solches natürlich nicht zu.

Die nächstliegende Vermutung ist sicher jene, dass ins Geschenk ein entsprechendes Aphrodisiakum mitverbacken worden war. Dass sich die Wirkung bei der Geiß dann allerdings derart zeigte, dass diese schnurstracks von Bludenz nach Bregenz rannte und sich »liebestoll« auf den Burschen stürzte! Dabei hatte sie nur einen einzigen Bissen gefressen.

Im zweiten Kapitel dieses Bandes ging es gleich zu Anfang um den Salbei. Er könnte hier beispielsweise eingesetzt worden sein. Um mehr als Sympathie bei einer Person zu erwecken – so hieß es in alten Kräuterbüchern – »nimm drei Salbeiblätter und schreib auf das erste Adam und Eva, auf das zweite Jesus und Maria, auf das dritte deinen und ihren Namen. Brenn diese Blätter zu Pulver und bring dies der Person beim Essen oder beim Trinken bei!« Die heftige Annäherung der Ziege ist damit allerdings nicht erklärt.

Von glücklichen Hochzeitspaaren ist in unseren Sagen kaum etwas zu finden, doch es gab sie natürlich, und das sicher in überwiegendem Maße. Doch auch dann, wenn Braut und Bräutigam vor dem Altar ihr Ja gesprochen hatten, konnte noch in manchen Fällen ein großes Problem auftauchen – ein sehr großes sogar –, und zwar noch vor den Flitterwochen.

Mehr davon im nächsten Kapitel!

DAS SCHMÄHLICHE RECHT

Es mag durchaus sein, dass nicht jedem Opernbesucher von »Figaros Hochzeit« mit seiner etwas verzwickten Handlung um den Grafen Almaviva und dessen Diener Figaro klar ist, dass es hier auch um jenes Thema geht, das uns im Folgenden beschäftigt. Doch der Graf hat tatsächlich vor, das von ihm zuvor abgeschaffte Recht – als Hausherr über eine jungvermählte Frau in der ersten Nacht zu verfügen – anlässlich der Verheiratung Figaros mit dem Kammermädchen seiner Frau wieder einzuführen.

Ius primae noctis – Holzschnitt, 15. Jh.

»Ius primae noctis« wurde der berüchtigte Brauch einst von den Gelehrten schamvoll-poetisch getauft. Das bizarre Recht, das seit dem 13. Jahrhundert belegt ist und in der Diskussion bis in unsere Zeit fortdauert, wird heute stärker denn je bezweifelt. Es handle sich dabei um eine alte Rechtslegende, für die es kaum historische Belege gebe, die aber ein zähes Leben besitze. So lautet heute meistens das Urteil der Fachwelt, und in der neueren Geschichtsschreibung scheint sich die Meinung durchzusetzen, ein solches »Recht« habe überhaupt nie existiert. Allem Anschein nach konnte bisher nur ein einziges Zeugnis aufgefunden werden, das von einem solchen Fall berichtet. In Greifensee, einem geschichtsträchtigen Kleinstädtchen am gleichnamigen See im Kanton Zürich, sei im ehemaligen Dorfrecht beschrieben, was der Meier – der Gutsherr – dem Bräutigam zur Hochzeit schenken müsse und was seine Rechte seien. Wohlgemerkt, der Gutsherr hat dem Bräutigam zu schenken! Doch dann heißt es im Text: »... unnd so di Hochzit vergat, so soll der Brütgam den Meyger by sim Wyb lassen ligen die ersten Nacht, oder er soll sy lösen mit 5 Schilling 4 Pfennig.« Ob der Meier sein Recht auch wirklich ausgeübt hat, lässt sich nicht nachweisen. Auf jeden Fall war das Recht der ersten Nacht durch einen geringen Betrag ablösbar und stellte offensichtlich keineswegs einen unabdingbaren Anspruch des Gutsherrn dar.

Wappen der Ritter v. Wolfurt

Auch bei uns stoßen wir beim Blättern in den Sammlungen der Vorarlberger Sagen gleich einige Male auf dieses »Recht auf die erste Nacht«. *Auf Schloß Wolfurt habe vor altem ein arger Zwingherr gehaust; wenn bei seinen Untergebenen eine Hochzeit gefeiert wurde, habe er die Hochzeiterin, wenn sie schön war, drei bis vier Tage für sich aufs Schloß verlangt.*

Richard Beitl war der Meinung, es handle sich bei diesem »Recht« um die scherzhafte Übertreibung oder missverständliche Deutung einer Heiratsgebühr an die Grundherrschaft von Seiten eines Hörigen. Als so genannte »Hörige« wurden im Mittelalter jene Bauern bezeichnet, die in allem von ihrem Grundherrn abhängig und an die Scholle gebunden waren. Begriffe wie »Jungfernzins« und »Hemdschilling« deuten an, wie die Sache zu verstehen war, und auch wenn eine Bezeichnung wie »Stechgroschen« nichts an Deutlichkeit zu wünschen übrig ließ, war mit solchen Spottnamen gleichzeitig eine einleuch-

Bauern bei der Abgabe des Zinses – Holzschnitt, 1477

tende Erklärung angedeutet: Es ging ums Geld, und falls es nicht bar entrichtet werden konnte, so taten es auch Naturalien. Manche Bräute hatten so viel Käse oder Butter zu entrichten, »als dick und schwer ihr Hintern war«. Andrerseits, so heißt es in einer neueren Arbeit zu diesem Thema, »wenn man weiß, wie arm die Landbevölkerung war, kann man sich vorstellen, dass viele Frauen ihrem Grundherrn wohl oder übel zu Willen sein mussten, wenn dieser auf seinem 'Recht' bestand.«

Falls im Bereich der Feste Valcastiel oberhalb von Vandans Ähnliches gegolten hat, könnte dies der Grund dafür sein, dass sich die Bräute zu Füßen der Burg etwas einfallen ließen, wie dem Bösewicht am ehesten beizukommen war. Von ihrem Herrn erzählte man sich sogar, *daß bei jeder Hochzeit im Dorf die Braut noch am gleichen Tag ins Schloß geführt werden mußte. Dort konnte der Zwingherr acht Tage lang nach Belieben über sie verfügen, dann wurde sie wieder entlassen.*

Die Mädchen fanden eine Gegenstrategie: Sie verschoben das Heiraten oft jahrelang, ja, manche sollen es laut Sage gleich ganz unterlassen haben. Auf Dauer war dies natürlich keine befriedigende Lösung. Da mag es dann eines Tages ein großes Aufatmen gegeben haben, als von einer Braut bekannt wurde, wie sie sich dem Lüstling auf seiner Zwingburg erfolgreich entzogen hatte. Es hieß, sie habe sich ein paar Tage vor der Hochzeit ihr Gesicht mit heißer Lauge gewaschen und so eine raue Haut bekommen. Das hatte zwar eine gewisse Überwindung gekostet, aber bald darauf sei die Verschmähte mit einem triumphierenden Lächeln wieder unter dem Burgtor erschienen. Der Schlossherr hatte erwartungsgemäß mit einem derartigen »Reibeisen« wenig Freude gehabt und wohl von vornherein auf sein Recht verzichtet.

Sei es nun, dass die Nachricht von dieser Radikal-Kur nicht bis ins mittlere Rheintal vordrang, oder sei es, dass die angehenden Ehemänner rund um die Neuburg von solchen kosmetischen Veränderungen an ihren Bräuten nichts wissen wollten, hier kam es dann – jedenfalls laut Sage – zu einer radikaleren Lösung des Problems: zu einem Aufstand gegen die verhassten Zwingherren. Da nützte es diesen auch nichts, dass sie ihren Rössern *d'Isa hinderafür* aufnageln ließen, um die Verfolger zu täuschen. Sie entkamen zwar mit dieser List, doch nur bis Hohenems, denn dort wurde zumindest ein Teil der Ritter eingeholt und erschlagen.

Wird schon die Ausübung des »Rechts der ersten Nacht« auf dieser wie auf jeder anderen unserer Burgen bezweifelt, so erst recht der geschilderte Abgang der Ritter. In Wirklichkeit verabschiedeten sich die Neuburger nämlich mit einer ordentlichen Portion Zorn auf die mit ihnen verwandten Montforter, mit denen sie jahrelang im Streit gelegen waren. Als sie im Jahre 1363 schließlich das Feld räumten und sich ins Ausland absetzten, war dies zwar nicht gerade das, was sie sich erträumt hatten, doch war es immerhin ein Abschied, bei dem sie nicht gezwungen waren, ihren Pferden die Hufeisen verkehrt aufnageln zu lassen. Das scheint ein weitum bekannter Trick gewesen zu sein, von den Rittern von Burg Schwarzenhorn (oberhalb von Satteins) wird Ähnliches berichtet; sie gehörten übrigens auch zu jenen, denen die Handhabung des ominösen Rechts nachgesagt wurde.

Ruine Valcastiel, 1961

Seine gerechte Strafe bekam dagegen ein Schlossherr auf dem bereits erwähnten Schloss Valcastiel – wenn auch wahrscheinlich nur in der Sage – und die Vergeltung wurde bezeichnenderweise durch eine Vertreterin des weiblichen Geschlechts herbeigeführt:

Der Burgherr hatte seit langem die Gewohnheit, sich tagtäglich nach dem Mittagsmahl von einer Magd seine Läuse suchen und wohl auch fangen zu lassen. Anschließend machte er dann stets sein Mittagsschläfchen. Als es eines Tages wieder einmal so weit war und der Ritter ruhig schlief, gab die

Magd den Belagerern, die sich bereits vor der Burg versammelt hatten, ein Zeichen. Diese – es dürften Montafoner gewesen sein – drangen unbemerkt ins Schloss ein, überwältigten den verhassten Zwingherrn im Schlaf und brannten anschließend die Burg nieder.

Den Schellenberger Burgen und ihren Besitzern erging es auch nicht anders, und in ihren Trümmern gingen später die alten Zwingherren um, zur Buße für die Frevel, die sie im Leben verübt hatten. *Viel Überdrang und Gewalt mußte das Volk von ihnen leiden. Durch Kornäcker und mahdreife Wiesen jagten die Ritter mit Knechten, Rossen und Hunden. Weder Eigentum, noch Unschuld schonten sie. Noch ist in den Dörfern das schmähliche Recht der ersten Nacht nicht vergessen.*

Es war in den Dreißigerjahren, als Anna Hensler diese Zeilen schrieb, dann berichtet sie von den Bauern und fährt weiter: *Da stürmten und brannten sie die Burgen und erschlugen die Herren mit harter Hand und grimmigem Sinn. Am frohesten über diese Tat der Befreiung waren die Weiber. In ihrer Freude bereiteten sie den Männern nach der Heimkehr vom Kampfe ein Mahl von Küchle und Milch.*

Bauern bedrohen einen Ritter – Holzschnitt, 16. Jh.

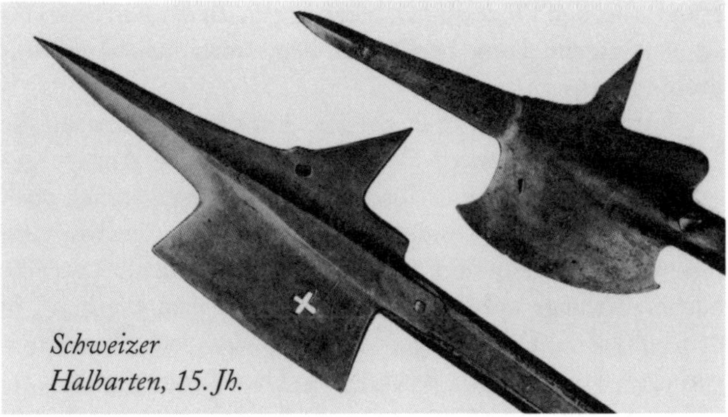
Schweizer Halbarten, 15. Jh.

Ähnliches weiß auch der Hohenemser Sagensammler Franz Häfele: *Zur Erinnerung an jenes Ereignis werden jedes Jahr am ersten Sonntag in der Fastenzeit Küechle gebacken und auf den Höhen brennen die »Funken«.* Tatsächlich lautet eine der Erklärungsmöglichkeiten für den Ursprung des Funken- und Küchlesonntags, dahinter stehe die erfolgreiche Erhebung des Volkes gegen die Zwingherren im so genannten Appenzellerkrieg, die mit der Zerstörung fast aller Burgen des Landes endete.

Anna Hensler bietet im Anschluss an ihre »Küchlesonntag-These« noch weitere erstaunliche Einzelheiten zum Thema des »schmählichen Rechts« an: *Bei den Prozessionen ging von da ab in den Dörfern am Schellenberg stets die jüngst verheiratete Frau in der Mitte von zwei Jungfrauen, eine brennende Kerze in der Hand, allen anderen voran zum Danke dafür, daß sie ihre Reinheit nicht mehr in roher Herren Gewalt opfern mußte, und der jüngst verheiratete Mann trug die Fahne.* Der Brauch sei durch mehr als fünfhundert Jahre eingehalten worden und erst in jüngster Zeit erloschen, führt sie weiter aus. Am längsten habe er sich in Tosters gehalten, wo bis nach dem Weltkrieg die jüngst verheiratete Frau in der Mitte von zwei erst der Schule entwachsenen Mädchen – alle mit brennenden Kerzen in der

Hand – bei den Prozessionen vorangingen. In der Kirche sei für sie eine eigene Bank bereitgestanden, wozu man dann »ins Stühle gehen« gesagt habe.

Anna Hensler hat in ihrem Text mit dem Hinweis auf die Zeit nach dem (Ersten) Weltkrieg eine präzise Angabe gemacht, Neunzigjährige in Tosters müssten sich eigentlich noch persönlich an das Geschilderte erinnern. Der ältesten Tostnerin – sie war zum Zeitpunkt der Nachfrage 97 Jahre alt – war die Sache allerdings unbekannt, und auch aus dem Pfarramt, in dem exakte Aufzeichnungen über das kirchliche Brauchtum vorliegen, kommt keine Bestätigung. Damit ergeht es dem erwähnten Brauch in etwa ebenso wie der unbewiesenen Kunde vom »schmählichen Recht« selbst.

Wenn man bedenkt, dass es mit Beweisen für den Wahrheitsgehalt der ganzen Sache derart hapert, waren die erwähnten Zwingherren von Wolfurt, Valcastiel, Neuburg und Tosters mehr als genug gestraft, und ihre Vergehen damit offensichtlich gesühnt. Andernorts hatten solche Übeltäter – zumindest in der Sage – ebenfalls entsprechend zu büßen und wandelten sogar noch nach ihrem Ableben als Spukgestalten durch die Gänge ihrer Burgen.

Die Untaten jener, die sich in den Gewölben alter Klöster sehen und hören ließen, waren – so wollen wir doch annehmen – wohl anderer Natur und auch weniger schwerwiegend; andererseits galten und gelten an einem solchen Ort eben besondere Maßstäbe.

VON ALTEN KLÖSTERN

Das älteste noch bestehende Kloster unseres Landes ist St. Peter in Bludenz. Wie es vor bereits mehr als 700 Jahren zu seiner Gründung gekommen ist, liegt mehr oder weniger im Dunkeln. Sein weltlicher Besitz dürfte in diesen Anfangsjahren noch sehr bescheiden gewesen sein. Mit der Errichtung des heutigen Klostergebäudes wurde erst anfangs des 18. Jahrhunderts begonnen. Dazu gehörte auch ein großer gemauerter Stall, dessen oberer Teil eine gewölbte Einfahrt besaß, unter der die schmale Straße nach Rungelin führte. Ein bisschen unheimlich war dieser Weg natürlich schon, aber wie sollte ein Rungeliner sonst hinunter nach Brunnenfeld kommen? Also ging auch unser Bursche der ersten Sage öfters hier am Kloster vorbei. Vielleicht hatte er einmal gehört, dort gehe es nicht mit rechten Dingen zu, denn man habe schon einige Male eine Klosterfrau gesehen, *eine geisterhafte Nonne um Mitternacht im Mondlicht stehend.* Auch von lieblicher Musik erzählte man sich und von wunderschönem Gesang in den Lüften.

Dass in einem Klostergebäude, das seinem Zweck entfremdet wurde, einiges an Spukhaftem zu erwarten war, bestätigt sich besonders beim ehemaligen Kapuzinerinnen-Kloster St. Anna in Bregenz. Es stand einst am Weg gegen Vorkloster »auf dem Ried« und war im Jahre 1604 errichtet worden. Schon nach nicht einmal zweihundert Jahren kam sein Ende, denn 1782 löste Kaiser Josef II. mit einem einzigen Federstrich jene Klöster auf, die nach seinen Worten »bloß ein beschauliches Leben« führten. Das Gebäude wurde nun als Schule verwendet, später war es Armenhaus und schließlich gar Kaserne, die Anna-Kaserne eben. Mit Schule und Armenhaus hätten sich die ehe-

Ehemaliges St.-Anna-Kloster vor seinem Abbruch 1978

maligen Nonnen wahrscheinlich anfreunden können, aber eine Kaserne! Es wurde Zeit, sich bemerkbar zu machen.

Am Allerheiligentag des Jahres 1848 zog das Militär in die Anna-Kaserne ein. Schon einer der ersten Wachtposten machte die Bekanntschaft mit einer geistenden Nonne. Von ihr war bereits früher geredet worden. In einem weißen Gewand und mit einem Schlüsselbund habe man sie durch die Gänge wandeln gesehen. Auch den Grund dafür wollte man kennen: Sie habe zu ihren Lebzeiten Speisen in den Abtritt geworfen, deshalb sei ihr Weg stets der gleiche und führe von der Küche dorthin. Außerdem wollte man sie auch außerhalb des Klosters wahrgenommen haben, wie sie durch die Klostergasse bis zum Kapellchen beim Sennhof gegangen sei.

Bildstock am Ende der Klostergasse (Sennhof)

Und nun also kam die geistende Nonne gleich in einer der ersten Nächte, in denen sich hier Militär einquartiert hatte, von der Dachbodenstiege herab, ging dann in die Küche, von dort in den Abtritt und dann durch den Hausgang zur Pforte. Dort aber stand ein Soldat, der offensichtlich nicht vorgewarnt worden war. Zitternd am ganzen Leib lief er in die Wachtstube, wo sich ein paar seiner Kameraden aufhielten und berichtete ihnen von seinem unheimlichen Erlebnis. *Da stand einer auf und sagte: »I fürcht mi voar nix! Um a paar Budele Schnaps stand i de Posta!« Der Soldat zahlte ihm gern den Schnaps und war zu Tod froh, daß ihn einer ablöste. Kaum stand der tapfere Mann auf seinem Posten, als die Klosterfrau den Gang daher kam, sich umdrehte und ihm fest ins Gesicht sah. Sofort fällte der Soldat das Bajonett und stach es dem Geist mit solcher Kraft durch die Brust, daß die Spitze desselben an die Wand stieß und abbrach. Dabei aber hatte den Soldaten ein solches Grauen erfaßt, daß er ohnmächtig zu Boden stürzte. Auf das Geräusch hin eilten Soldaten aus der Wachtstube und trugen den Kameraden hinein. Man holte sogleich den Arzt, aber erst nach acht Tagen konnte der Soldat erzählen, was vorgefallen war, und nach vierzehn Tagen starb der Mann.*

Besser erging es einem weiteren Wachtposten, dem die Klosterfrau bald darauf ebenso erschien. Sicher wusste der Mann, was sein Kamerad erlebt hatte; er wollte sich jedenfalls mit der gespensterhaften Erscheinung nicht anlegen. »Wer da?, rief er zwar, und gleich darauf auch noch: »Gewehr heraus!«, außerdem marschierte er unentwegt im Hausgang auf und ab. Die Erscheinung aber hielt beim Auf- und Abgehen gleichen Schritt mit ihm, bis dem Mann vor Angst und Grauen stocktübel wurde.

Es vergingen einige Jahre, in denen sich der nächtliche Spuk offensichtlich nicht mehr wiederholte, jedenfalls ist nichts davon bekannt geworden. Dann aber, im Jahre 1852, erschien die Nonne abermals einem Dienst habenden Wachtposten. Dieser verhielt sich ähnlich wie der Unglückliche vier Jahre

Die Nonne in der Klosterkaserne Josef Hofer, 1953

zuvor und es sollte ihm auch ähnlich ergehen. *Der Soldat schoß auf die Klosterfrau, aber im selben Moment war sie verschwunden. In einer Tür war nur noch das Loch sichtbar, durch das die Kugel eingedrungen war. Man konnte dasselbe noch lange Zeit sehen. Der Soldat aber starb sechzehn Tage nach diesem Vorfall.*

In einem weiteren Fall starb nicht der Soldat, sondern das »Gespenst«. Allerdings war das auch kein richtiger Geist, was da oft nachts durch die Gänge geschritten kam. Es war ein Leutnant, der sich den Jux machte, seine Untergebenen zu schikanieren. Dazu verkleidete er sich des Öfteren um Mitternacht, setzte sich auf den eigenen Kopf einen solchen aus Pappendeckel auf, aus dem er Augen, Mund und Nase ausgeschnitten hatte, stellte eine Kerze in diesen künstlichen Kopf und näherte sich einem Wache stehenden Soldaten. Wenn dieser dann davonrannte, legte der Leutnant schnell seine Maskerade ab, kam in Uniform daher und fand den Posten natürlich nicht auf seinem Platz. Dann wurde der Soldat aufgeschrieben und kam am nächsten Morgen auf die Prügelbank. Eines Nachts aber war der Leutnant an den Falschen geraten. Kaum war er aufgetaucht, *rief ihm der beherzte Soldat dreimal »Halt!« zu, und als der »Geist« nicht darauf achtete, schoß ihm der Soldat eine Kugel durch den Kopf,* und zwar nicht durch jenen aus Pappendeckel!

Im Jahre 1860 wurde aus der Kaserne wieder ein Armenhaus und blieb es bis zum Jahre 1979, als es abgebrochen wurde.

Im gleichen Jahre wie das St.-Anna-Kloster wurde auch jenes in Valduna hinter Rankweil aufgelöst. Es war bereits gegen Ende des 14. Jahrhunderts – anfangs noch als Männerkloster – gegründet worden, und war somit um rund zweihundert Jahre älter als das Bregenzer. Von umgehenden Nonnen ist hier nichts bekannt, mindestens mit zwei seltsamen Geschehen kann jedoch auch dieses Klarissinnenkloster aufwarten. Das erste mag wahrscheinlich nicht als gar so gespenstisch empfunden werden, ist doch von Dingen die Rede, die sich ohne weiteres auch auf ganz natürliche Art erklären lassen. Es geht um Ratten!

Menschen, die – aus welchen Gründen auch immer – ein Leben im Kloster wählen, nehmen in ihr neues Zuhause natürlich auch ihre kleinen Schwächen und Vorlieben mit. In diesem Fall war es die Liebe einer Nonne zu solchen Tieren. Eigentlich ist es ja kein schlechtes Zeichen, wenn diese gefräßigen Nager erwähnt werden, denn bei ihrem Vorkommen kann fast davon ausgegangen werden, es müsse sich im Klosterkeller auch entsprechend Nahrhaftes befunden haben. Täglich kamen vier Ratten in die Klosterküche und die Nonne fütterte sie. Einer von ihnen band sie sogar ein Glöcklein um den Hals, offenbar um auch ja immer bereit zu stehen, wenn die hungrigen Tierchen ihr Futter serviert haben wollten. Bei der Erwähnung des Glöckleins mag einem ein erster Verdacht kommen, ob es mit den Ratten nicht doch eine andere Bewandtnis haben könnte.

Während die Mäuse und erst recht die Ratten schon seit ältesten Zeiten als Schädlinge galten, scheint sich für die ungeliebten Tiere durch das Christentum doch einiges an ihrem Ansehen verbessert zu haben. Sie galten nun nämlich als Seelentiere. Das hatte vor allem damit zu tun, dass sie in Erdlöchern hausten. Das Innere der Erde aber barg den Toten, den bisherigen Wohnsitz der Seele. Besonders für die weißen Exemplare ergab sich nun die Möglichkeit, wenigstens ein paar

Stufen auf der Beliebtheitsskala emporzuklettern. Weiße Mäuse waren die Seelen der unschuldigen Kinder!

Doch solche hübschen Vorstellungen blieben die Ausnahme, überall sonst wurde ihre Verfressenheit immer wieder zum Anlass, energisch gegen sie vorzugehen. Sogar Kirchenlehrer Augustinus hatte Probleme, seinen Glauben an Gottes Güte mit der Schöpfung zu bewahren, angesichts solch unangenehmer Dinge, wie die Mäuse es nun einmal waren. Die Schwester im alten Valduna-Kloster war anderer Meinung als der große Kirchenlehrer. Vielleicht hatte sie einmal von der hl. Gertrud gehört. Die Tochter Pippins des Älteren – er ist der Nachfolger des bereits erwähnten Königs Dagoberts I. – war auch eine

Kloster Valduna, um 1782

fromme Klosterfrau und zudem Äbtissin. Sie galt zwar als Patronin gegen die Mäuseplage, andererseits aber gab es auch die Vorstellung, Seelen würden nach ihrem Scheiden aus dem Körper eines Verstorbenen die erste Nacht bei ihr verbringen, als Mäuse! Genau betrachtet, konnten solche Überlegungen jedoch für die Ratten im Valduna-Kloster keine Rolle gespielt haben, schließlich blieben die gefräßigen Tierchen ja nicht nur für eine Nacht, sondern waren regelmäßige Kostgänger.

Wie lange sie ihre Vorzugsstellung in der Klosterküche genossen, wird in der Sage nicht erwähnt. Eines Tages warteten sie jedenfalls umsonst auf das gewohnte Fressen, denn ihre Wohltäterin war verstorben. Trotzdem kamen sie noch oft, auch dann, als niemand mehr für sie sorgen wollte, besonders *an Allerheiligen und den andern heiligen Zeiten.* Einmal sahen auch ein Klosterknecht und die Obermagd die vier Hungrigen daherkommen, eine schön hinter der andern hertrippelnd. Da gingen sie mit Prügeln auf sie los, und als die Tiere sich nichts daraus zu machen schienen, wurde sogar auf sie geschossen, sie blieben aber unversehrt. Inzwischen hatte sich die Sache mit den unerwünschten Besuchern herumgesprochen. *Da kam einmal der Bischof von Feldkirch, der schon lang von den unheimlichen Ratten im Kloster gehört hatte, auf Besuch nach Valduna. Er sagte zur Oberin: »Jetz moeß ma amol hinder d' Ratze!« und benedizierte sie sofort. Das hat geholfen. Die Ratten sah man nie mehr wieder.*

Der Hinweis der Sage, die Tiere seien an Allerheiligen und den anderen heiligen Zeiten gekommen, weist ebenfalls auf Wesen hin, die nicht einfach Ratten gewesen sein dürften. Gerade von Hausgeistern, die besonders an die Nähe des Menschen gewöhnt seien, heißt es, sie würden die dunkle Jahreszeit bevorzugen, und dass Sünder nach ihrem Tod als Ratten umgehen mussten, war ebenfalls eine gängige Vorstellung.

Auch die zweite Sage aus dem ehemaligen Valduna-Kloster braucht durchaus nicht als unheimlich empfunden zu werden. Es geht darin um die alte Behauptung, wonach sich unter dem

Schutt der einstigen klösterlichen Mauern ein Skelett befinde, die Überreste einer Nonne, die dort – wohl wegen eines schweren Vergehens – noch immer an einer Kette angebunden sei. Im August des Jahres 1875 wollte man der Sache auf den Grund gehen. Zu dieser Zeit war Valduna bereits seit etwa dreizehn Jahren eine Wohltätigkeits- und Landesirrenanstalt. Eine eigene Kommission von einem Dutzend Männern – von zwölf Gemeinden je ein Vertreter – sei gekommen, darunter Ritter von Tschavoll, Bürgermeister von Feldkirch, vor allem aber Obmann des Kuratoriums für die Wohltätigkeitsanstalt. Der habe sich die Sache angehört und dann wissen wollen, *ob denn kein beherzter Mann da sei, der in das Gewölbe hinabsteige, zweiundfünfzig Gulden seien sein Lohn. Aber den Klosterknechten waren die Gulden um den Preis nichts – und sie blinzelten verstohlen zu*

der kuraschierten Obermagd hinüber. Die hatte immer, wie sie selbst sagte, Kurasche für ganz Vorarlberg. Das wußte auch die Oberin des Klosters und sie sagte zum Tschavoll: »Bitt schön, ich glaube, die Grabher wird es schon wagen!« – »Jo, jo« sagte die Obermagd, »i gang scho!« Sie zog sich eine Lederhose an, man band ihr ein Seil um den Leib, das vier Männer hielten, versah sie mit einem Rückenkorb, gab ihr eine brennende Laterne in die eine, einen Spieß in die andere Hand und hängte ihr zuletzt noch ein Blashorn um. So ausgerüstet, machte sie sich durch die eiserne Tür in das Innere des Gewölbes. Ab und zu, während sie vorsichtig weiterschritt, wurde am Seil gezogen, und dann blies sie, wie vorher ausgemacht, ins Horn um anzuzeigen, dass alles in

Ordnung sei. Wirklich fand sie ein Skelett und um einen Knochen befand sich sogar noch der Ring einer Kette. Beherzt nahm die Obermagd die Gebeine, legte sie in ihren Rückenkorb und brachte sie aus dem Gewölbe ans Tageslicht. Die versprochenen zweiundfünfzig Gulden waren der Lohn für ihre Tapferkeit.

Nicht uninteressant ist in diesem Zusammenhang ein Hinweis, den Ludwig Rapp 1894 in seiner Beschreibung des ehemaligen Klarissinnen-Klosters gibt. Nach dessen Aufhebung wurde das ehrwürdige Gebäude abgebrochen und zu einem Steinhaufen niedergerissen, »die Leiber und Gebeine der Verstorbenen aus den Grüften genommen und unter das Altargewölb der Kirche hinabgethan, welche mit vielem Schutt bedecket … worden ist«.

Einer, der es laut eigenen Angaben ebenfalls mit den Verstorbenen unter dem Schutt des ehemaligen Klosters zu tun bekommen hat, und zwar schon wesentlich früher, ist der Rankler Michael Bachmann. Er beschreibt in seiner Chronik von 1768, wie er sich elf Jahre nach dem Abbruch des Klostergebäudes ohne obrigkeitliche Erlaubnis, aber mit Wissen der Gemeinde an der Stelle der *voderen Sacrasteiÿ am Kor* der ehemaligen Klosterkirche in den verbliebenen Mauern eine Kapelle und eine einfache Wohngelegenheit eingerichtet habe. Dass in unmittelbarer Nähe *file Totengebeine ihre Ruchstat haben*, war ihm sicher bekannt und scheint ihn nicht gestört zu haben. Was ihm dann aber *Sonderheitliches* widerfuhr, hatte er wahrscheinlich doch nicht erwartet, fand er doch *zweÿ unverwesende Totenkörpper, die noch darligen under einem grosen Schut.* So unglaubwürdig Bachmanns Angaben auch klingen mögen, natürlich Mumifizierte sind zwar nicht besonders häufig, in unterirdischen Grüften aber doch immer wieder gefunden worden. Um gleich in Rankweil zu bleiben: Als dort rund achtzig Jahre zuvor ein Geistlicher begraben werden sollte, stieß man auf die unverweste Leiche eines vierzig Jahre zuvor beerdigten

Pfarrers. Da legte man diese auf den Neuankömmling, *ligen also bede in ainem Grab*, schreibt der Chronist und weiß auch noch zu berichten, dass anfangs des 18. Jahrhunderts, gerade als man ein frisches Grab aushob, aus diesem *ain gar süser himlischer Gruch* gekommen sei. Die Erwähnung eines Wohlgeruchs findet sich gelegentlich in Legenden, wo es von einem Dahingegangenen heißt, er sei im »Duft der Heiligkeit« verstorben. Das wurde stets als Anzeichen dafür gewertet, dass der Verblichene sofort in den Himmel gekommen war, dann konnte sein Leichnam nämlich nicht verwesen. Die Frage, was Gott für ein Interesse daran haben konnte, gerade die Körper jener Menschen zu erhalten, deren Seele er auf dem kürzesten Weg zu sich genommen hatte, bleibt dabei unbeantwortet. In Wirklichkeit dürfte eine derartiges »Wunder« eher damit zu tun haben, dass die Leiche mit wohlriechenden Essenzen und Salben nicht nur einbalsamiert wurde, um den Leichengeruch zu vertreiben, sondern auch, weil man die konservierende Wirkung solcher Mittel kannte.

Schauplatz der nächsten Sage ist zwar kein Kloster, doch da es sich bei der Hauptperson um einen Klostermann handelt, mag sie ebenfalls hier ihren Platz finden.

Vor langer Zeit wirkte in Reuthe ein Kapuziner als Seelsorger. Er dürfte aus dem nahen Bezauer Kloster gekommen sein und arbeitete hier in der Nachbargemeinde im Weinberg des Herrn. Immer wieder kam es vor, dass ihm Leute Messen für Verstorbene bezahlten, die er jedoch nicht las.

Vielleicht hatte er vor, in fernerer Zukunft mit dem Geld etwas Größeres anzuschaffen, doch dazu kam es nicht mehr, denn eines Tages verstarb er überraschend am Bödele oben.

Einige Zeit später hatte eine Frau aus Reuthe das Pech, vom Messner aus Versehen in der Pfarrkirche eingeschlossen zu werden. Der braven Beterin blieb nichts anderes übrig, als sich damit abzufinden, im dunklen Kirchenraum geduldig den nächsten Morgen abzuwarten. Um Mitternacht aber erlebte sie etwas Sonderbares, denn auf einmal begann das Altarglöckchen zu läuten. Die Frau, neugierig geworden, was das zu bedeuten hatte, ließ sich am nächsten Abend absichtlich wieder einsperren. Und wieder ertönte um Mitternacht das Läuten des Glöckleins, diesmal aber sah sie gleichzeitig einen Priester zum Altar schreiten.

Reuthe hatte damals gleich nach dem Ableben des Kapuziners einen neuen Seelsorger bekommen. Zu diesem ging nun die Frau am Morgen und erzählte ihm von ihren Beobachtungen. Er wollte ihr nicht glauben, versprach jedoch, am nächsten Abend mitzukommen. Um Mitternacht begann tatsächlich das Glöcklein zu läuten, und wie es die Frau berichtet hatte, kam auch die Gestalt wieder. Der Pfarrer redete sie an: »Alle guten Geister loben Gott den Herrn.« Das war seit jeher ein bewährtes Mittel um festzustellen, mit welcher Art Geist man es zu tun hatte. Es gab nämlich Fälle, in denen der Angesprochene sagte: »Ich nicht!« Dann wusste jeder, woran er war, es war ein böser Geist. Doch die Gestalt am Altar gehörte offensichtlich zu den Guten, denn sie sagte deutlich: »Ich auch!«, verschwand jedoch gleich darauf wieder. Dasselbe wiederholte sich auch in den folgenden drei Nächten. *In der vierten Nacht sprach der Priester die Gestalt erneut an und fragte: »Wer bist du, was suchst du hier?« Da antwortete sie: »Ich bin der Kapuziner, der am Bödele gestorben ist. Im Pfarrhof, in einer Schublade, ist Meßgeld. Bevor die Messen nicht gelesen sind, kann ich nicht erlöst werden.«* Keine Frage, dass der Pfarrer versprach, die Sache in Ordnung zu bringen und die Messen für ihn zu lesen, was er dann auch so bald wie möglich tat. Der Geist des Kapuziners verschwand und ließ sich von da nie mehr sehen.

Wenn man bedenkt, dass die Frau schon die sechste Nacht mehr oder weniger schlaflos in der Kirche verbracht hatte – beim Pfarrer war es auch bereits die vierte –, kann man eine gewisse Überreizung der Sinne natürlich nicht ganz ausschließen. Immerhin aber haben wir es in der Sage mit zwei Augen- und Ohrenzeugen zu tun.

Nicht gerade selbst gesehen, aber zumindest von einem ähnlichen Geist eines Pfarrherrn gehört hat der Wälder Sagensammler Josef Elsensohn. *Seit ein paar Jahren aber habe ich nichts mehr von seinem Erscheinen gehört,* schreibt er und schließt daraus, *er dürfte daher seine Strafe ausgebüßt haben und erlöst sein.* Am so genannten »Übere«, dem linken Ufer des Gräbenbachs in Bezau, habe man zur Nachtzeit einem ehemaligen Pfarrer des Dorfs begegnen können. Im schwarzen Talar, mit einem großen Schlapphut auf dem Kopf und dem Brevier unterm Arm sei er am Ufer des Baches gegangen, dort wo er zu seinen Lebzeiten gewöhnlich seinen Spaziergang gemacht habe. Auch sein Vergehen war, dass er *mehr Geld für Messen annahm, als er dafür lesen konnte.*

Verglichen mit einem ähnlichen Fall, der von einem Geistlichen in Tirol berichtet, sind der Kapuziner vom Bödele und der Bezauer Pfarrer gut davongekommen. Ein Geistlicher aus Thaur bei Hall stand nämlich auch nach seinem Tod eines Nachts bittend vor einem befreundeten Einsiedler, dem er gestand, drei Messen, deren Stipendien er bereits eingenommen hatte, nicht gelesen zu haben, und das aus Versehen (!). Deshalb müsse er jetzt schrecklich büßen. »Sieh nur, wie ich brenne!«, sagte er, doch der Eremit war klug genug, nur den Deckel einer Blumenschachtel beim Fenster hinauszustrecken, und er tat gut daran. Als nämlich der Geist des Pfarrers seine Hand darauf legte, zischte es, und ihr Mal war im Holz eingebrannt.

Bevor nun endgültig der Eindruck entsteht, von alten Klöstern gebe es nur derart Unheimliches zu berichten, soll zur Abwechslung auch etwas rundum Erfreuliches erwähnt werden.

Es geht um die Gründungssage des Altenstädter Klosters. Auf dem so genannten Petersfeld sei einst ein kleiner Bildstock Unserer Lieben Frau gestanden. *Dort trafen sich öfters zwei Mägde im Gebete, und endlich beschlossen sie, daneben eine Klause zu erbauen, um daselbst stets in frommem Vereine und Andacht verweilen zu können.*

So sei der Anfang des Klosters Altenstadt verlaufen, berichtet Anna Hensler, und so sei es nach einer alten Rankweiler Chronik in einem pergamentenen Brief zu lesen gewesen.

Nach heutigem Wissen stand ganz am Anfang des heutigen mächtigen barocken Gevierts des Dominikanerinnenklosters ein Inklusorium, eine kleine Zelle, in der ein Mann oder eine Frau freiwillig eingeschlossen lebte. Erst aus dem 15. Jahrhundert sind dann Namen von Nonnen bekannt, die hier nach klösterlicher Regel lebten. Es folgten rund eineinhalb Jahrhunderte, in denen der kleine Konvent allmählich an Größe gewann. Die Sorgen indes begleiteten die Schwestern zu allen Zeiten; eine kleine Landwirtschaft und eine Stickerei sicherten gerade den bescheidensten Lebensunterhalt. Gab es aber einmal nur geringe Ernte, drohte buchstäblich der Hunger; gar nicht zu reden davon, wenn Seuchen und Kriege mit durchziehenden Soldaten das ohnehin ärmliche Leben noch schwerer machten.

Im Jahr 1633 – zur Zeit des Dreißigjährigen Krieges – zählte die Gemeinschaft der Schwestern 14 Mitglieder. Die Zeiten waren miserabel, vier Jahre zuvor hatte die Pest in Altenstadt fast hundert Opfer gefordert, die neben dem Kloster begraben worden waren. Flüchtlinge füllten die klösterlichen Räume, »wo wegen enge des volckhs vnd geflöchneter Sachen ein solcher geschmackh vnd gestanckh erwachßen, das kein wunder, es were das ganze Closter inficiert worden vnd ausgestorben«, weiß der Klosterchronist zu melden. Auch Anna Hensler schildert die triste Lage und erzählt:

Sie hatten keine andere Speise mehr als Wurzen und Kraut, welcherhand sie es fanden. Da geschah es, daß die Oberin, nachdem sie eine halbe Nacht betend zugebracht hatte, von tiefem Schlafe umfangen ward und in diesem eine Stimme vernahm: »Steh' auf und gehe über Wege und Straßen, bis du an den Arlberg kommst, wo der heilige Christoffel steht, und von dort weiter bis in die große Stadt. Dort wird dir ein Engel begegnen, der euch Hilfe bringt und Trost!«

Priorin Constantia Bissinger
Lienhard Werder, um 1657

Tatsächlich ist die Sache in Wirklichkeit nicht viel anders verlaufen. Im Herbst des oben erwähnten Jahres schickte die Oberin zwei Schwestern zur Regierung nach Innsbruck. Dort begegnete ihnen tatsächlich in der Gestalt einer jungen Frau gewissermaßen ein Engel. Anna Bissinger, so hieß die kinderlose Witwe eines verdienten österreichischen Oberstleutnants, saß ihnen bei einem Mittagstisch, zu dem sie geladen worden waren, gegenüber und erklärte, sie wolle mit ihnen nach Altenstadt reisen, um dort ins Kloster einzutreten, und zwar auf der Stelle. Das kam für die beiden Nonnen denn doch etwas überraschend; die noble Dame und ihr einfaches Klösterlein, das schien ihnen nicht recht zusammenpassen zu wollen. Doch die resolute Witwe meinte es ernst und gab nicht nach. Und auch in den nächsten Jahren gab sie nicht nach, bis das Kloster zuerst in ordentlichen

Zustand gebracht und dann vergrößert worden war. Dazu verwendete sie ihr eigenes, beträchtliches Vermögen.

Nun hatte der bittere Mangel der Nonnen ein Ende und auch noch alles Volk im Umkreise genoß Guttat und Gaben, berichtet Anna Hensler, doch die Wirklichkeit schaut doch etwas anders aus. Den Altenstädtern war der Ausbau, vor allem aber die Erweiterung des Klosters gar nicht recht, und sie bemühten sich, diese nach Kräften zu verhindern. Fuhr- und Bauleute wurden sogar mit dem Tod bedroht. Doch die »Edel fraw Anna Bÿssingerin«, die neue Förderin des Klosters, hatte keine Zweifel an der Richtigkeit ihres Vorhabens, und als es während der Bauarbeiten zu einem ernsten Zwischenfall kam, war der Him-

Kloster und Pfarrkirche Altenstadt – Lienhard Werder. um 1676

mel ganz offensichtlich auf ihrer Seite. Als nämlich die Klosterpforte höher ausgebaut werden sollte und plötzlich alles wieder zusammenstürzte, fielen zwei Maurer, die sich gerade »zuobrist auf der porten befunden«, zu Boden. Der jüngere von ihnen konnte sich durch einen Sprung retten, der andere aber, schon wesentlich älter, »ist gleich sambt der Maur vnd gerüst hin under gefallen«. Bis zu seinen Schultern lag er unter den Steinen, doch bald darauf konnte er, wie durch ein Wunder unverletzt geblieben, wieder an seine Arbeit gehen. Auf dem abgebildeten Mirakelbild von 1676 sind beide Arbeiter deutlich zu erkennen.

Bald darauf trat Anna Bissinger als Schwester Constantia ins Kloster ein, und schon zwei Jahre darauf wurde sie zur Priorin gewählt. Zehn Jahre später lieferte sie noch ein weiteres Beispiel ihrer Unerschrockenheit und Tatkraft.

Kaum hatten die Schweden unter ihrem General Wrangel Bregenz eingenommen, begannen auch schon die Raubzüge landaufwärts. Auch Altenstadt bekam unliebsamen Besuch, und das Kloster sollte Getreide in einer derartigen Menge abliefern, dass es von vornherein klar war, dass dies unmöglich war. Da machte sich die couragierte Priorin gemeinsam mit einer Mitschwester auf den Weg ins schwedische Hauptquartier nach Bregenz. Dort schilderte sie Wrangel die Armut ihres Klösterleins derart eindringlich, dass dieser tatsächlich von allen Kriegslasten absah. Sicher wusste der General, dass er es bei der Bittstellerin um eine ehemalige »verwibtibin Khriegßoficierin« handelte. Wohl ausgestattet mit einem Schutzbrief und dem Befehl, das Kloster ungeschoren zu lassen, wurden die Nonnen in Begleitung von vier Dragonern in Wrangels Kutsche sicher nach Altenstadt gebracht. Bis heute werden zum Andenken daran im Kloster täglich drei Rosenkränze gebetet.

Die fromme, reiche Frau aber nahm nur Wasser als Trank und »ruch häbrin und gerstin Brot« als Speise und übte die Armut nach

Christi Rat bis zu ihrem Tode, heißt es abschließend in Anna Henslers Bericht.

Für die letzte klösterliche Sage kehren wir wieder zum alten St. Peter in Bludenz zurück. Sie hört sich beinahe wie ein Tatsachenbericht an; sowohl die beteiligten Personen als auch der Zeitpunkt des Geschehens sind nämlich bekannt. Es geht um eine gewisse Cäcilia Gartner aus Einsiedeln und um Maria Dominika Stein aus Feldkirch, beides Schwestern im erwähnten Kloster. Schwester Cäcilia war am 11. September 1676 verstorben. Bald darauf, es war inzwischen gerade ein gutes halbes Jahr vergangen, ließ sich die Tote – wir sollten vielleicht besser von ihrer Seele reden – wieder sehen. Ganz offensichtlich hatte sie die erwähnte Schwester Dominika dazu ausgewählt, sich von ihr helfen zu lassen. Das war dieser jedoch nicht gleich von Anfang an klar. Vorerst meldete sie der Priorin, sie habe beim Glockenläuten die Verstorbene im Chor der Kirche an ihrem gewohnten Platz sitzen gesehen. Die Angelegenheit erforderte Fingerspitzengefühl, und so wurde zuerst einmal der ganze Konvent, einschließlich des Beichtvaters, befragt. Dann befahl die Priorin der Schwester, sie solle die Seele – falls sie sich nochmals zeige – fragen, was ihr fehle. Das tat Schwester Dominika dann auch, denn bereits zwei Tage später sah sie die Verstorbene im ganzen Habit, wie sie beerdigt worden war, bei der Orgel am Boden sitzen, als ob sie singen wollte. Das war vielleicht kein Zufall, war Schwester Cäcilia doch zu ihren Lebzeiten als gute Sängerin und Organis-

St. Peter, Bludenz
Carl Caba, um 1927

Alle guten Geister … – Franz Kollarz, um 1880

tin bekannt und hatte vielleicht auch aus diesem Grund bei ihrem Eintritt ins Kloster den Namen jener Heiligen gewählt, die allgemein als Schutzherrin der Kirchenmusik gilt.

Solche Überlegungen dürfte Schwester Dominika kaum mehr angestellt haben, für sie war das Erlebte zu viel, sie machte kehrt und lief zu ihrer Zelle, doch dort erwartete sie bereits die »Seele«. Dann erlosch ihr auch noch das Licht. Dennoch fasste sie sich ein Herz und sagte jenen altbekannten Spruch, mit dem man solchen Situationen normalerweise gewachsen war und mit dem auch der Pfarrer von Reuthe sein unheimliches Gegenüber getestet hatte: »Alle guten Geister loben Gott den Herrn.« Da schlug die Erscheinung die Hände zusammen und antwortete: »Und ich auch; Gott sei Lob!« Wie ihr denn geholfen werden könne, wollte die Schwester wissen. Drei hl. Messen sollten gelesen und gewisse Gebete verrichtet werden, kam sofort die Antwort. Außerdem solle sie sich in den folgenden Nächten jeweils um zwölf Uhr »eine Disciplin von dreißig Streichen« geben und das Glockenläuten pünktlich erledigen, daran habe es nämlich bei ihr gefehlt. Dominika versprach das Gewünschte zu tun, am nächsten Morgen berichtete sie das Erlebte der Priorin, und alles wurde verrichtet, wie es die Verstorbene begehrt hatte.

Während dieser Zeit war die Seele Tag und Nacht bei Dominika (ihr jedoch unsichtbar), so daß auch alle anderen Schwestern sie bemerkten und hörten, ja, sie legte sich zu ihr nächtens ins Bett. In der dritten Nacht, als jene zum drittenmale gesagt hatte, sie solle sie doch einmal in Frieden lassen, sie verrichte ihr doch alles Verlangte nach Möglichkeit, erwiderte sie: »Ich kann nicht, habet Geduld, es wird bald besser werden.«

So ging es dann auch noch in den nächsten beiden Nächten, bis die Seele schließlich noch verlangte, Dominika solle ihr fünfzig »De profundis« – Aus der Tiefe rufe ich, Herr, zu dir … (130. Psalm) – beten, bevor sie verschwand. Die Nonne machte sich gleich daran. Auch wenn sie in ihrer begreiflichen Aufregung schneller als sonst betete, eine halbe Stunde dürfte es schon gedauert haben, bis sie fertig war. Gerade wollte sie in die Kirche gehen, da stand die Seele abermals vor ihr. Ob noch etwas vonnöten sei, wollte Dominika wissen. Nein, bekam sie von Cäcilia zur Antwort, jetzt sei sie ein Kind der ewigen Freude. Nun wollte Dominika doch noch wissen, wie die Erlöste es denn erreicht habe, hier auf Erden Hilfe holen zu können. Das sei durch die Bitten der Muttergottes und des hl. Dominikus – des Ordensstifters – möglich geworden. Und warum sie überhaupt so lange habe leiden müssen. Es habe am schuldigen Gehorsam gefehlt, und bei der Arbeit sei sie zu nachlässig gewesen und noch aus anderen Gründen, die sie jedoch nicht sagen dürfe. Und jetzt, schloss die Seele, jetzt solle sie mitkommen. Entsetzt fuhr Dominika zurück, ließ sich dann aber doch überreden. Sie öffnete die Tür ihrer Zelle und konnte der Vorausgehenden kaum folgen. Als sie bald darauf in die Kirche eintraten, *entstand ein solcher Glanz, daß Dominika die Sonne niemals so hell und klar scheinen gesehen und es ihr die Augen 'übertrieb'. Die Seele stand nun bei der untersten Staffel des Hochaltars, von unaussprechlichem Glanz umgeben und so mit Gold und Edelsteinen geschmückt, daß die Schwester sie nicht mit starrem Auge ansehen konnte; dann fuhr jene in die Höhe und verschwand, und die Kirche wurde in einem Augenblick ganz finster, außer daß das ewige Licht brannte.*

Auch wenn die Seele nicht ausdrücklich »Vergelt's Gott!« gesagt hatte, dankbar war sie ihrer Retterin sicher von ganzer Seele.

SAGEN VOM VERGELTSGOTT

Wie sagt man? – So versucht man seinem Nachwuchs meist bereits im Kleinkindalter die richtigen Umgangsformen beizubringen, wenn es ums richtige Bitten und Danken geht; Dinge, die erfahrungsgemäß am besten in jungen Jahren in Fleisch und Blut übergehen sollten.

Eher mit Überraschung hört man von Volkskundlern, dass es andernorts in manchen Gegenden geradezu gefährlich war, sich in bestimmten Situationen zu bedanken. Eins der wichtigsten Mittel zum Schutz vor Zauber sei es nämlich, gerade nicht zu danken. So ist es auch bei Jacob Grimm, der seine Zeit nicht nur mit dem Sammeln von Märchen verbracht hat, in seinem Werk »Deutsche Mythologie« nachzulesen. Dort heißt es, für geschenkte oder geliehene Milch dürfe man beispielsweise nicht danken, da sonst die Kühe bald keine Milch mehr gäben. In manchen Gegenden beachteten Kranke die Warnung, dem behandelnden Arzt auch ja nicht zu danken, andernfalls eine Heilung bestimmt nicht zu erwarten war, ja, Arzneien verloren dann nicht nur ihre Wirkung, sie konnten sogar Schaden anrichten.

Den Höhepunkt all dieser seltsamen Vorschriften stellte jedoch wohl jene Überzeugung dar, das Danken sei geradezu ein Merkmal der Hexen. Wenn zum Beispiel in früheren Zeiten bei der Wäsche eine Frau aus der Nachbarschaft kam, um überflüssige Lauge auszuleihen und sich dafür bedankte, so war sie bestimmt eine Hexe. Derartige seltsame Verhaltensweisen sind in den Sagen unseres Landes nicht überliefert. Dort, wo in ihnen vom Dank die Rede ist, geht es meist um die Erlösung eines Geistes, wobei diese dann fast stets mit einem Gebet, einem Segensspruch oder sonst einer Hilfe verbunden ist.

Will sich dann der Erlöste erkenntlich zeigen, dann erfolgt es auf keinen Fall mit dem doch etwas farblosen »Danke« das sich im heutigen Sprachgebrauch durchgesetzt hat, sondern es geschieht mit jenem »Vergelt's Gott!«, um das es in diesem Kapitel gehen soll. Und wenn man auch heutzutage beim Nachblättern im Österreichischen Wörterbuch der neuesten Auflage hinter »Vergeltsgott« das Zeichen † findet, das bedeutet, dass es sich hier um einen bereits ausgestorbenen Ausdruck handelt, ab und zu hört man das vertraute Dankeswort doch noch, wenn auch eher aus dem Mund betagterer Menschen. Dabei konnte mit einem einzigen solchen Vergeltsgott oft ganz entscheidend geholfen werden.

Wie zum Beispiel jenem Geist, der in einem Wald bei Wolfurt den Leuten, die bei Dunkelheit unterwegs waren, auf dem Weg leuchtete. Die entsprechende Sage erwähnt nicht, welchen Vergehens er in seinem Leben schuldig geworden war, nur dass er seine Hilfsbereitschaft schon oft unbedankt erwiesen hatte. Auch eine Näherin aus Wolfurt kam des Öfteren nach ihrer Arbeit noch bei Dunkelheit durch den Wald, und auch ihr leuchtete das geheimnisvolle Wesen. Eines späten Abends aber, nachdem der hilfreiche Geist ihr wieder einmal den Weg erhellt hatte, sagte sie »Vergelt's Gott!« *Jetzt ist der Geist halt so froh gewesen und hat gesagt: »Nun bin ich erlöst! Ich hab' schon*

Die alte Bayenerbrücke, Reuthe – Kaspar Hiller, 1899

vielen auf dem Weg geleuchtet, aber bis heut hat keiner ein Vergeltsgott gesagt!«

Von der alten »Bayenerbrücke« bei Reuthe war bereits früher einmal die Rede. Dass es dort in alter Zeit oft nicht mit rechten Dingen zuging, wusste sicher auch jener Fuhrmann, der vor Zeiten gegen Mitternacht mit einer schweren Ladung gefahren kam. Nach dem abendlichen Aveläuten – das war sicher auch ihm bekannt – durfte keiner mehr mit seinem Fahrzeug die gedeckte Holzbrücke benützen. Unter dieser hockte nämlich eine Arme Seele und ächzte und stöhnte, dass jedem himmelangst wurde. Der Fuhrmann hörte auch deutlich die Klagelaute, und um den Geist zu beschwichtigen, rief er ihm zu: *»Helf' dir Gott in Himmel n'auf, du arme Seel!« Da tönte ein Rauschen aus dem Bach, wie er es noch nie vernommen, und eine Stimme sagte: »Vergelt's Gott, daß mi erlöst hast!« Seither hörte man nichts mehr.*

Wie viel dieses Dankeswort wiegen kann – und das im buchstäblichen Sinn des Wortes –, hat besonders eindrucksvoll Franz Karl Ginzkey geschildert. In seiner »Ballade vom Vergeltsgott« erzählt er von einem Metzgermeister, der von einem alten Mütterchen um ein Stück Fleisch gebeten worden ist und als Bezahlung ein Vergeltsgott erhält, das die Alte auf der anderen Seite der Waage in die Schale gelegt hat. Natürlich lacht er zuerst, doch dann muss er staunend erleben, dass die Schale mit dem Dankeswörtchen offensichtlich schwerer wiegt. Schnell wirft er auf seiner Seite noch ein ordentliches Stück Fleisch dazu und noch eins, doch das Gleichgewicht stellt sich erst ein, als die Alte meint, jetzt reiche es. Dann verlässt das Mütterchen das Geschäft des Metzgermeisters und ein überirdischer Schimmer umstrahlt ihr ärmliches Gewand. Sie hat mit der »Währung des Herrn« bezahlt.

Das althochdeutsche *firgeltan* hat durchaus auch die Bedeutung von »heimzahlen«, es muss dabei also keineswegs immer an eine positive Rückmeldung gedacht werden.

»Vergelt es Gott und zahl es Gott!«, rief ein Bettler, der immer am Weg vor einer Brücke saß, als er eines Tages von einem rohen Buben einen Schlag gegen seine Brust bekommen hatte, dass er im tiefen Schnee über die Böschung hinuntergestürzt war. Und dann rannte er dem Übeltäter nach und erklärte ihm, jetzt sei er erlöst: *»Ich war ein Schulbub und schlug einen Bettler über den Zaun hinunter. Da mußte ich hier sitzen und warten, bis mir einer das gleiche tat.«*

Dem Buben dürfte bei dieser überraschenden Reaktion des Geschlagenen und dem seltsamen Dank nicht ganz wohl gewesen sein, besonders wenn er daran dachte, dass vielleicht er einmal die Stelle des Bettlers einzunehmen hatte, um seine Erlösung auf ebenso brutale Art zu erreichen.

Eine ganz ähnliche Erfahrung wie der Metzgermeister im erwähnten Gedicht macht auch der Bauer in der folgenden Sage. Sie gehört zu jenen Berichten, in denen es jemand mit dem Vergeltsgott nicht so ernst nimmt und eines Besseren belehrt wird. Erzählt wird dabei, wie jedes Jahr ein armer Hausierer in ein Bauernhaus in Möggers zukehrte und um ein Nachtlager im Heu bat. Am Morgen zahlte er jeweils mit einem »Vergelt's Gott!« Dass der Mann nicht viel besaß und bei sich hatte, sah der Bauer ja ein, aber wenigstens ein paar Knöpfe oder Spagat hätte er sich als Gegenleistung schon erwartet, und so meinte er einmal unwirsch, solche Vergeltsgott habe er jetzt schon bald die ganze Scheune voll. Es war sicher unüberlegt und wohl auch ein wenig im Zorn gesagt, doch die Sage lässt ihn für sein Reden bitter büßen. *Nach seinem Tode hörte man ihn vom Haus ins Tenn irren und klagend rufen: »Ich kann's nicht nehmen! Ich kann's nicht nehmen!« Im Jahr drauf kam der Hausierer wieder, und die Bäuerin meinte, es werde ihn im Heu draußen zum Übernachten wohl nimmer leiden, es geiste dort und rufe die ganze Nacht. Er aber blieb doch, und als in der Nacht der Bauer als Geist zu seinem Lager trat und jammerte: »Ich kann's nicht nehmen!« und die verschmähten Vergeltsgott damit meinte, die er jetzt so wohl hätte brauchen können, da wiederholte der Hausierer alle, mit denen er ehemals gedankt. Da ward die Seele des Bauers erlöst, und alles war von da an wieder still und ruhig.*

War die Angelegenheit für den Übeltäter diesmal noch einigermaßen glimpflich abgegangen, so nahm es mit jenem der nächsten Sage kein gutes Ende. Dabei traf es im Grunde genommen einen, der es nicht verdient hatte. Der Bericht handelt von einem Schmied, der sicher kein schlechter Mann war und bei armen Leuten sogar oft nichts rechnete, wenn er ihnen etwas gemacht hatte. Gedankt hatten sie ihm jedoch immer, und im Lauf der Jahre mochten es schon viele Tausende solche Vergeltsgott gewesen sein, zu denen er auf diese Art gekommen war. Vielleicht hatte er sich auch nie den wörtlichen Sinn des Dankeswortes durch den Kopf gehen lassen, es lag ihm einfach nichts daran. Eines Tages – es war wohl eine zufällige Laune – meinte er nach einem Vergeltsgott, so etwas brauche er nicht, das schenke er – dabei blickte er suchend um sich – der eisernen Säule, die mitten in seiner Werkstatt stand. Diese Antwort, einmal gesagt, wiederholte er von nun an fast regelmäßig bei jedem dieser Dankesworte.

Die Jahre vergingen. Da wurde der Schmied krank, und *als er im Sterben lag und in den letzten Atemzügen, da fing die eiserne Säule in der Schmiede an, mit vielen tausend kleinen Lichtlein zu brennen. So sind die Vergeltsgott an der Säule alle verloren gegangen, und er starb eines untröstlichen Todes. Hätte er diese Vergeltsgott nicht dieser Säule geschenkt, so hätten sie ihm in die Ewigkeit geleuchtet, und er hätte mit der Gnade Gottes noch können glückselig sterben.*

Und darauf kam es ja schlussendlich an! Auch wenn es so lange dauern sollte, wie bei jenem Unseligen, der nach seinem Tod offensichtlich in einer Tanne auf seine Erlösung warten musste. Genauer gesagt war es wohl sein Geist. Ein solcher wird in Sagen des Öfteren in einen Baum gebannt, galt dieser doch in alter Zeit ohnehin als beseeltes Wesen. Auf diese Anschauung ging auch zurück, dass früher ein Holzfäller einen Baum um Verzeihung bat, bevor er ihn fällte. Derartiges wird in der folgenden Sage allerdings nicht erwähnt.

Die Tanne, um die es dabei ging, stand einst im Dornbirner Kehlerwald und hatte sicher sehnsüchtig auf jenen gewartet, der eines Tages vor ihr stehen blieb und sie prüfend musterte, ob er sie fällen sollte. Als er dann tatsächlich mit seiner Axt ausholte, konnte es der Baum fast nicht erwarten umzustürzen. Noch bevor er krachend auf dem Boden aufschlug, hörte der Baumfäller deutlich eine Stimme, die »Vergelt's Gott!« sagte. *»Wegen dem brauchst du mir nicht zu danken«, meinte der Bauer. »Doch, doch«, sagte die Stimme, »denn aus dem stürzenden Baum fiel ein Tannzapfen, und aus dem Zapfen wächst eine Tanne, und wenn die geschlagen wird, versägt man sie, schreinert eine Wiege daraus und legt ein Büblein hinein, und wenn das Büblein groß ist und die erste Messe liest, bin ich erlöst.«*

Der Holzfäller
Ferdinand Hodler, 1910

Einmal abgesehen davon, dass der Baum gesprochen hatte, ist man im ersten Moment wohl verblüfft, mit welcher Selbstverständlichkeit hier Ereignisse geschildert wurden, die sich frühestens nach vielen Jahrzehnten abspielen konnten. Die Tanne – oder besser gesagt der Geist in ihrem Innern –, der hier zum Bauern sprach, schien über genaue Informationen zu verfügen, bis das ferne Ziel erreicht sein würde. Auf das lief offensichtlich alles hinaus, auf eine Primiz.

So eine Feier des ersten Messopfers eines Neupriesters war stets ein Fest ganz besonderer Art. Wochenlang wurden Kränze und Girlanden geflochten, die das Elternhaus des Primizianten und die Kirchtüre schmückten. Triumphbogen und allerlei Inschriften wurden errichtet. Feierlich, unter Anteilnahme der ganzen Gemeinde, wurde der Neugeweihte zur Kirche geleitet. Jeder Verein, jede Kongregation, Jung und Alt wollten zum großen Fest beitragen. Neben dem Neupriester ging ein »Primizbrütle« – eine Primizbraut, meist ein Mädchen aus der Verwandtschaft –, hochzeitlich geschmückt. So wie andernorts hieß es auch in unserem Land, für einen Primizsegen solle man ein Paar Schuhe durchlaufen. Besonders für die Mutter des Neupriesters war es ein entscheidender Tag. Der Montafoner Hans Barbisch erwähnt einmal einen bezeichnenden Ausspruch einer Mutter, die schon fest damit gerechnet hatte, einer ihrer Söhne werde Geistlicher. Da eröffnete ihr dieser, er habe sich entschlossen Arzt zu werden. »Was nötzt mi an Dokter för d' Ewigkeit!«, habe die Enttäuschte ausgerufen.

Primiziant mit »Brütle«, 1917

Wenn in einer mittelalterlichen Sammlung von Predigtbeispielen erwähnt wird, ein Neupriester habe während der Primizmesse seine bereits verstorbene Mutter nahe der Hölle in entsetzlichen Qualen erblickt, so werden wir damit zum Kern unserer Dornbirner Sage geführt. Es geht um Erlösung. Von der erwähnten Mutter dieses Neupriesters heißt es weiter, ihr Sohn könne sie durch dreißig Messen erlösen. Beim Geist des Unseligen in der Tanne vom Kehlerwald genügte eine einzige. Wir wissen nicht, vor wie vielen Jahren die Begegnung des Holzfällers mit dem Baumgeist stattgefunden hat und ob die Tanne im Kehlerwald, die aus dem niedergefallenen Zapfen gewachsen ist, schon längst zersägt worden ist oder etwa noch steht. Auch wo der Geist inzwischen seine Zeit verbracht hat oder noch verbringt, erfahren wir nicht, doch sein sicher ehrlich gemeinter Dank deutet darauf hin, dass ihm damals bereits etwas leichter war, seinem fernen Ziel um eine wichtige Station näher gerückt zu sein.

Primizen wurden und werden bei uns jeweils in den Wochen nach der Priesterweihe gefeiert, und diese fand stets am Fest Peter und Paul (29. Juni) statt. Zumindest einer der beiden Heiligen, der hl. Petrus, hätte in frühesten Zeiten diese Weihe gelegentlich selbst vornehmen können, war er doch – wenn man den Sagen und Legenden glauben darf – gar nicht so selten auch bei uns im Land.

DER APOSTEL PETRUS IM LÄNDLE

Petrus war ein Vorarlberger. – So hieß es schon vor einiger Zeit in einer Tageszeitung, doch es war natürlich nicht ernst gemeint, sondern nur ein gelungener Aufmacher für die Rubrik »Gedanken zum Sonntag«. Der Verfasser erwähnte dabei jene Stelle aus Lk 9, 28–36, in der Jesus und drei seiner Jünger auf den Berg Tabor gestiegen sind, wo plötzlich die zwei Propheten Moses und Elias erscheinen und Petrus eine typisch vorarlbergische Idee hat und voll Eifer vorschlägt, an Ort und Stelle drei Hütten zu bauen.

Gleich vorweg: Die Anwesenheit dieses Völkerapostels wird nur in der Sage erwähnt und soll hier nicht etwa tatsächlich behauptet werden. Um mit der am wenigsten ernst gemeinten Überlieferung zu beginnen, folgt an dieser Stelle eine kurze Legende aus dem Montafon.

Der heilige Petrus habe einmal die Zehn Gebote Gottes ins Montafon hineingetragen. Da sei er in der Talebene von Gantschier beim »Rota Ste« gestolpert, und gleich darauf seien die Tafeln zerbrochen am Boden gelegen. Da habe er, so gut es eben gegangen sei, die Scherben wieder zusammengefügt, das siebte Gebot habe dann allerdings gefehlt. Kein Wunder, dass dieses bei den braven Montafonern nach und nach in Vergessenheit geraten sei, schreibt Hans Barbisch, immerhin ein geborener Vandanser und damit ein Sohn des Tales.

Vor allem Rankweil ist es, das sich der Fußspuren des Heiligen rühmt. In missionarischer Absicht soll der Apostel aufgetaucht sein. Das aber bedeutete in dieser Zeit des frühen Christentums nicht mehr und nicht weniger, als dass wir ihn uns als dementsprechend energischen Mann vorzustellen haben. Christliche Glaubensboten mussten ja auch noch wesentlich später, wenn sie unsere Altvordern bekehren wollten, unter anderem gelegentlich auch die überlieferten Texte der Evangelien etwas umschreiben und ihren Verhältnissen anpassen. Im »Heliand«, einem altsächsischen Epos des 9. Jahrhunderts, erscheinen beispielsweise die Apostel meist als »snelle thegnos«, als kühne Degen, und die Gefangennahme Jesu wird geschildert, als ob dabei gleich darauf alle Jünger losgeschlagen hätten.

Wenn Petrus tatsächlich in derart früher Zeit in Rankweil auftauchte, wie es die Legende erzählt, konnte er von solchen literarischen Entwicklungen natürlich noch nichts wissen, auch nicht, dass seine seinerzeitige heftige Reaktion – er schlug bekanntlich dem Malchus im Garten Getsemani ein Ohr ab – später geradezu als Heldentat herausgestellt wurde. Sein Name steht zwar nur beim Evangelisten Johannes, aber in Passionsspielen hat man die publikumswirksame Aktion stets ihm übertragen. Dass einer aus der friedfertigen Schar Jesu überhaupt ein Schwert bei sich getragen hat, scheint nicht weiter Verwunderung ausgelöst zu haben! Bei Petrus war es ohnehin zu erwarten gewesen, schließlich war es ja gerade er, der unbedingt den Namen des Verräters seines Herrn hatte wissen wollen. Kirchenlehrer Augustinus schreibt, hätte Petrus erfahren, dass Judas der Gesuchte sei, hätte er diesen mit seinen Zähnen zerrissen.

Gefangennahme Christi
Wolf Huber, um 1350
(Ausschnitt)

Die Erfolgsquote des Apostels hier im Vorderland war dann

allerdings bescheiden. Petrus kam damals – so beschreibt es der Chronist Johannes Häusle – mit einem Gefährten nach Rankweil und stieß auch prompt gleich auf einen heidnischen Tempel, *gienge in besagten Gözentempell, prediget das Evangelium ..., zerbricht die Gözenbilder, richtet vor der Kierchen auf ain großes Cruzifix Bild ... weichet die Kierchen dem Ewigen Gott zue Ehren und raißett von hier auf Rohm.*

Dass er es so eilig hatte wieder weiterzureisen, daran mochte vielleicht jene Bekehrungs-Schlappe schuld sein, die er im nahen Satteins einstecken musste. Dorthin hatte er sich eines Tages begeben, um *denen selben groben Völckher den christlichen Glauben zu predigen und sie von der Abgöterey abzubringen.* Als er bald darauf wieder zu seinem Gefährten nach Rankweil zurückkam und ihn dieser erwartungsvoll fragte, wie viele er denn bekehrt habe, musste er kleinlaut zugeben: »Ains!«, *daher hat daß Orth den Namen Satains.* Auch wenn sich für die Herkunft des Namens Satteins natürlich andere Erklärungen finden lassen, in der »Emser Chronik« von 1616 heißt die Ortschaft tatsächlich »St. Eins«. Petrus wird sich also seinen Schüppel Haare gerauft und wieder zum Wanderstock gegriffen haben.

Predigt des hl. Petrus, Pfarrkirche Satteins

Der Hinweis auf seinen bescheidenen Kopfschmuck geht auf eine Sage aus dem Allgäu zurück, wo er von einer Bäuerin einmal drei heiße Schmalzküchle bekommen und eins von ihnen in seiner Kappe versteckt habe, worauf der größte Teil seiner Haarpracht – jedenfalls laut Legende – verbrannt sei. Ähnliches wird auch in einer Südtiroler Sage erzählt. Diese enthält außerdem den Hinweis, er sei dort deswegen bei einer Bäuerin zugekehrt, weil er zuvor wieder einmal der himmlischen Kost überdrüssig geworden sei.

Der Apostel war zwar ein bescheidener Mann und hatte der neuen Kirche in Rankweil keineswegs sich selbst als Patron zugeteilt. Dass der ehemalige Tempel dennoch bald darauf als Peterskirche bezeichnet wurde, dafür soll dann der hl. Luzius, der die Kirche weihte, gesorgt haben. Davon konnte sich der Apostel bei seinem nächsten Besuch selbst überzeugen.

Es schaut ganz so aus, als hätte er unsere Gegend schon ganz von Anfang an ins Auge gefasst. Von Jerusalem und später von Rom aus, wo er sich abgesehen von seinen Reisen meistens aufhielt, dürfte er das Gebiet am Rhein etwas großflächiger betrachtet und nicht so deutlich zwischen dem Land der späteren Eidgenossen und dem unseren unterschieden haben. Nach der Legende hatte er jedenfalls einen Missionar, einen gewissen Beatus, losgeschickt, der später als erster Glaubensbote der Schweiz bezeichnet wurde. Das müsste noch vor dem Jahr 64 geschehen sein,

St. Peter und Liebfrauenkirche, Rankweil, um 1950

denn in diesem Jahr erlitt er unter Nero den Martertod. Nach einer anderen, glaubhafteren Überlieferung bei unseren Nachbarn jenseits des Rheins ist der erwähnte Beatus allerdings erst im 6. Jahrhundert aufgetaucht, aber nach so langer Zeit lassen sich derartige Dinge eben nicht mehr genau entscheiden.

Es vergingen dann weitere gute sechshundert Jahre, und es wurde höchste Zeit, sich wieder einmal selbst um jenes wunderliche Ländchen zu kümmern und sich zu vergewissern, ob die seinerzeitige Mühe um Rankweil und St. Ains nicht doch Früchte getragen hatte. Inzwischen schrieb man das Jahr 1233, und St. Peter tauchte, wie sich zeigen sollte, genau zum richtigen Zeitpunkt auf.

Gerade war nämlich drüben in Muntlix am Ufer der Frödisch ein seltsamer Fund gemacht worden. Das Wasser hatte ein Kreuz angeschwemmt, und wie es bei solch unvermuteten Funden meistens war, gab es auch gleich einen zünftigen Streit, wem er gehören solle, das Kreuz schien nämlich wertvoll zu sein. Petrus hatte sich – als Heiliger brauchte er wahrscheinlich gar nicht informiert zu werden, da ihm sicher ganz andere Kommunikationsmittel zur Verfügung standen – gleich auf den Weg gemacht.

Bei seinem Eintreffen machten ihm alle Anwesenden Platz. Erwartungsvoll sahen sie auf den würdigen Mann, der den Fund mit Kennermiene musterte. Natürlich mögen ihm beim Anblick des Kreuzes gewisse unangenehme Erinnerungen gekommen sein, schließlich hatte er ja damals unter dem Wüterich Nero an einem solchen Marterinstrument sein Leben lassen müssen – und das sogar mit dem Kopf nach unten! Gleichzeitig ließ ihn das Kreuz auch an seine Heimat denken; es schien orientalischen Ursprungs zu sein, da war er sich ziemlich sicher. Doch solche Spitzfindigkeiten interessierten die Umstehenden wenig, sie wollten eine Entscheidung getroffen haben, wem der offensichtlich wertvolle Fund nun gehören sollte.

»Holt ein Ochsengespann!« Jetzt kam Bewegung in die Menge, die sich inzwischen am Ufer angesammelt hatte. Schon sausten zwei Burschen in die Richtung des nächsten Stalles. Im Nachhinein fällt es nicht schwer, die damaligen Gedankengänge des Apostels zu erraten. Bestimmt war ihm die Stelle aus dem 1. Buch Samuel geläufig, in der geschildert wird, wie in alttestamentarischen Zeiten die Bundeslade von den Philistern zurück zu den Israeliten gebracht worden war. Damals sollten es zwar zwei »säugende Kühe« gewesen sein, doch Ochsen waren dazu sicher ebenfalls in der Lage. Außerdem, hatte sich nicht einer dieser Sorte neben dem Esel an der Krippe von Bethlehem unverwelkbare Lorbeeren geholt?

Inzwischen war das Kreuz vorsichtig auf den Karren gehoben worden, und ein Fuhrmann stand bereit, in beide Richtungen blinzelnd. Und das sollte ein salomonisches Urteil sein!

»Silbernes Kreuz«, Liebfrauenkirche, 13. Jh.

»Kein Fuhrmann!« Die Umstehenden dürften verdutzt dreingeschaut haben. Das versprach, ein Gottesurteil zu werden. Kaum war der Mann vom Wagen abgestiegen, setzte sich das schwere Fuhrwerk mit dem großen Kreuz langsam in Bewegung – Richtung Rankweil. Und dort ist es noch heute, das berühmte »wundertätige Kreuz«. Um dieses wertvolle Stück handelt es sich nämlich. Dass es schon längst in einer wertvollen silbernen Umhüllung steckt, ist eine andere Geschichte. Unter dem Metall ist es noch immer das alte Holzkreuz aus dem

13. Jahrhundert. Inzwischen haben entsprechende Stilvergleiche ergeben, dass es sich bei ihm mit großer Sicherheit um eine Arbeit aus einer oberitalienischen Werkstätte handelt, und als Herkunftsort scheint heute Pisa festzustehen.

Erinnerungskreuz an der Frödisch, Muntlix, 2000

Die Meinung, Petrus habe sich von vornherein für Rankweil entschieden und die Ochsen – kraft seiner päpstlichen Gewalt – beeinflusst oder den beiden Wiederkäuern sogar einen entsprechenden Befehl ins Ohr geflüstert, hat einiges für sich. Mit seiner päpstlichen Gewalt und überhaupt mit dem ganzen Papsttum war es allerdings eine etwas fragwürdige Sache. Dass Christus nämlich die Kirche auf einen derart fehlerhaften, schwachen Menschen gebaut haben soll, klingt zwar tröstlich, ist aber nicht so eindeutig. Auch wenn das entsprechende Verheißungswort »Tu es Petrus ...« seit nunmehr über vierhundert Jahren in zwei Meter hohen Buchstaben in der Kuppel des Petersdoms zu lesen ist, findet sich die entscheidende Textstelle vom Fels, auf dem die Kirche gebaut werden sollte, schließlich nur bei Matthäus (16, 18–19) und darf angezweifelt werden. Außerdem vergisst man vielleicht auch gern, dass sich ebenfalls bei diesem Evangelisten noch im gleichen Kapitel nur einige Zeilen weiter die schlimme Stelle findet, in der Herr seinen zukünftigen Stellvertreter auf Erden anfährt: »Weiche von mir, du Satan!«

Gut denkbar wäre, dass beim Apostel damals am Ufer der Frödisch etwas ganz anderes den Ausschlag gegeben hat, das Ochsengespann in die Rankweiler Richtung zu lenken: Auf dem Turm der Liebfrauenkirche – das wusste Petrus ganz genau – saß kein Hahn, also auch kein lästiger Mahner, der ihn immer an jene dunkle Stunde seines Lebens erinnerte, in der er seinen Herrn gleich dreimal verleugnet hatte. Und daran ließ sich nicht so ohne weiters deuteln, schließlich bringen alle vier Evangelisten die entsprechende Bibelstelle und jene vom mahnenden Kräher. Wenn man den Text bei Lukas genau liest, wird klar, dass Petrus es damals ja sogar mehr als eine Stunde geschafft hatte, unter den Leuten im Hof vor dem Haus des Hohenpriesters am Feuer zu sitzen; er muss ein gerissener Kerl gewesen sein!

Die Evangelien geben sich bekanntlich nicht allzu sehr mit Charakterdarstellungen ab. Vor seiner Berufung hieß der Apostel Simon, lebte mit seiner Familie in Kafarnaum (heute Tell Hum) und verdiente dort seinen Lebensunterhalt selbst als Fischer. Er war verheiratet, und seine Frau begleitete ihn später auch auf seinen Missionsreisen, Zölibatsdebatten lagen ihm also sicher fern. Ob das Fischerhandwerk sein Temperament sehr geprägt hat, darf bezweifelt werden. Fischer sind meist stille, besinnliche Menschen, und nach den Schilderungen der Evangelien darf Petrus eher als impulsiv und temperamentvoll bezeichnet werden. Dass er später als Patron trotzdem besonders den Petrijüngern zugetan war, lag dennoch nahe. Weniger bekannt dürfte seine Zuständigkeit für Metzger, Glaser, Schreiner, Uhrmacher und etliche weitere handwerkliche Berufe sein. Im uralten psalmodierenden Alpruf der Hirten von Gamperton, den oft vier oder fünf miteinander – Senner, Zusenn, Küher, Bub und Batzger – nach vollendetem Tagwerk miteinander ins Tal erschallen ließen, hieß es gleich anschließend an die Anrufungen von Gottvater und der Muttergottes:

»Sankt Peter, dr Wächter a der Himmelspfort,
schütz üs vor Raubtieres, sü usra Hort!
Bann am Bär sini Tatza, am Wolf dr Fang,
verschlüß am Luchs dr Zah, am Stoa dr Hang!
Sperr dr Läue d' Bah, am Wurm dr Schwoaf,
verstampf am Rapp dr Schnabel, am Groaf d' Kralla!«

Es sei ein uralter Bet- und Bannspruch, und uralt sei der Glaube an seine Verderben und Unheil fesselnde Kraft, schreibt Anna Hensler und fährt weiter: »Er mag noch im Heidentume wurzeln, und St. Peter, dem Gewalt gegeben ist, zu lösen und zu binden, ist wohl an die Stelle einer alten Gottheit getreten.«

Dass der Apostel außerdem noch eine gute Adresse fürs Wetter war, sozusagen als »Wetterherr« fungierte, war zumindest in früheren Zeiten jedem geläufig.

St. Peter schaut nach dem Rechten – Ludwig Richter, 1850

Wenn es im Hochsommer heftig donnert und kracht, so sagt das Volk im Bregenzerwald, unser Herrgott führe sein Heu in den Himmelstadel ein und das Gerassel komme von den Rädern des Heuwagens her. So wird aus dem Bregenzerwald berichtet, und auch in anderen Gegenden unseres Landes gab es ganz genaue Vorstellungen, was sich da hoch oben über den Wolken abspielte: »Jetzt würft Gottvatter d' Brenta über d' Kearsteaga ahe«, hieß es im Oberland, und im Montafon: »Sie käsen domma und vertrölen d' Käsger (Käsnäpfe) und verschütten Milch und Bolma (Zieger).«

Nicht selten hörte man auch: »Hüt keglat da Petrus aber k'hörig!« Wie es zu dieser Meinung gekommen sein mag, dafür gibt es neben anderen Erklärungen auch jene, dass der Apostel hier an die Stelle des alten germanischen Wettergottes Thor (Donar) getreten sei, der nach alten Vorstellungen während eines Gewitters feurige Kugeln über die Himmelsbahn geschleudert habe. Bezeichnenderweise erbaute ja auch der hl. Bonifatius, nachdem er im hessischen Geismar die mächtige Donareiche gefällt hatte, eine Peterskirche!

Eine derart anschauliche Beziehung des Apostels zum Gewitter ist allerdings nicht mehr so leicht aufrecht zu erhalten, wenn wir es mit den goldenen Kegeln und Kugeln zu tun bekommen, von denen die Sagen des nächsten Kapitels erzählen.

VON GOLDENEN KEGELSPIELEN

Begonnen hat es mit dem Kegeln – wenn man nicht gleich bis zu den alten Ägyptern zurückgehen will – bei unseren Vorfahren, den Germanen. Damals war es wohl eher ein Zielwerfen mit Steinen nach drei, sieben oder neun Kegeln, die aus Knochen waren. Im Mittelalter scheint das Kegeln dann ein richtiges Volksvergnügen gewesen zu sein, die Regeln dürften sich dabei jedoch von den heutigen ziemlich unterschieden haben. Sogar in die Abgeschiedenheit der Klöster hinein verbreitete sich das sportliche Vergnügen, verfügten diese doch meist über die entsprechenden Räumlichkeiten. Aus Klosterbrüdern wurden auf diese Art gelegentlich Kegelbrüder, die dem harmlosen Vergnügen mit den purzelnden Kegeln insofern eine höhere Weihe gaben, als sie es gern »Heidentöten« nannten. Draußen, vor den Klostermauern, wurde dann auch gern im Freien gespielt. Oft wurde das Vergnügen verboten, da man – wohl zu Recht – üble Folgen befürchtete, nicht selten kam es zu Streitereien, die gele-

Streit beim Kegelspiel
Kupferstich, 15. Jh.

gentlich zu Handgreiflichkeiten, Schlägereien, ja sogar zu Messerstechereien mit Toten führten.

All das Geschilderte scheint mit den so genannten »goldenen« Kegelspielen unserer Sagen wenig zu tun zu haben. Hier scheint die Betonung eindeutig mehr auf »golden« als auf dem Spiel an sich zu liegen. Anders gesagt, bei den meisten Sagen dieser Art handelt es sich um Schatzgräber-Geschichten.

Besonders in Dornbirn wurde stets gern von solchen goldenen Dingen gemunkelt, und meistens ging es dabei um jene Stelle auf dem Knieberg zwischen Schwarzach und Haselstauden, wo es »auf Burg« heißt. Auch wenn vor rund 150 Jahren noch zerfallene Ruinen gesehen worden sein sollen, ist heute davon leider nichts mehr zu erkennen; allem Anschein nach war das ehemalige Gebäude auch gar keine Burg, sondern ein herrschaftliches Gehöft der Ritter von Schwarzach.

Bevor das kleine Weglein zu den Häusern abzweigt, steht von der Burg noch ein Teil ihres unterirdischen Ganges. In diesem Gang soll ein goldenes Fäßchen vergraben sein. Vor Zeiten sind zwei Männer hineingegangen, um den Schatz zu suchen. Sie kamen zu einer rostigen Türe, die sie, trotz aller Gewalt, nicht aufgebracht haben.

Der erwähnte unterirdische Gang soll von der Burg durch den Pfellerwald bis nach Schwarzach geführt haben, und in ihm hätten die Ritter allerlei geraubte Waren und eben auch ein goldenes Kegelspiel versteckt. Diesmal erfährt der staunende Leser sogar Genaueres über dessen Größe. Jeder Kegel sei einen halben Meter hoch gewesen und jede Kugel so groß wie zwei Enteneier. Nicht verwunderlich, dass die Ritter solche Schätze in Sicherheit bringen wollten, als die Schweizer im Appenzellerkrieg immer näher kamen und bereits das Rheintal verwüsteten. Also vergruben sie alles unter einem Felsen. Und dort müsste es eigentlich noch heute liegen. Die Stelle ist übrigens bekannt; es ist jener Fels, *von dem man die schöne Aussicht auf den See hat und zu dem eine Steintreppe führt.* Inzwischen ist

Fels auf »Knie« (Dornbirn), 2002

auch von der erwähnten Steintreppe nichts mehr zu finden, von vergrabenen Schätzen gar nicht zu reden! Nur der Fels ist noch da, vor allem aber die Aussicht, und die ist nach wie vor beeindruckend. Dennoch dürfen sich die Haselstaudner – zumindest die ärmeren – berechtigte Hoffnungen machen, irgendwann in naher oder ferner Zukunft in den Besitz dieses Schatzes zu kommen, denn *einmal wird die Zeit kommen, in der das goldene Kegelspiel zum Segen der armen Leute von Haselstauden gefunden wird.*

Auch die Mühlebacher wissen von einem goldenen »Kegelries«. In ihrer Nähe sei nämlich ebenfalls ein Schloss gestanden, und zwar dort, wo jetzt das »Bürglekappele« steht. Ein Kegelries, das war ein Kegelspiel; dabei bezeichnete man mit diesem Ausdruck jedoch sowohl die Kegel als auch den Platz fürs Spiel. Diesmal waren damit aber sicher die neun Kegel und – nicht zu vergessen – die entsprechenden Kugeln gemeint, schließlich ging es um Gold! Auch wenn sie nur vergoldet waren, war es die Sache wert, näher untersucht zu werden.

Falls die bereits erwähnten Ritter von Schwarzach in ihrem Hof »auf Burg« tatsächlich ein solches Kegelspiel versteckt hatten, ist fast anzunehmen, dass sie auch in ihrem Hauptgebäude ähnliche Kostbarkeiten besaßen. Die Sage weiß auch von einem Schwarzacher Kegelries, und es sei tatsächlich auf jenem Schloss gewesen, von dem auch die »Emser Chronik« weiß: »Schwartzach ein alt Burgstal / ob dem Dörffle Schwartzach / in Dornbierer Kilsperg (Kirchspiel) gelegen / hat besondern Adel gehabt / ist zerbrochen ...« Sein ehemaliger Standplatz – und damit jener der einstigen Burg Schwarzach – wird im Bereich des Hauses Hofsteigstraße 74 angenommen, wo im Jahre 1916 nach einer Brandkatastrophe eine tiefe Zisterne entdeckt wurde. In den Siebzigerjahren des vorletzten Jahrhunderts sollen vier Schwarzacher versucht haben, der Sache mit dem Kegelspiel auf den Grund zu gehen, und das im wörtlichen Sinn. Dass sie überhaupt wussten, wo sie zu suchen hatten, verdankten sie Pfarrer Konrad Herburger und dessen Vorgänger Joseph Stadelmann, die den ehemaligen Standplatz der Burg ausgeforscht hatten. Mehrere Tage lang gruben die vier, doch sie fanden nichts. Schließlich ließen sie einen erfahrenen Mann aus Alberschwende kommen, *der im Rufe stand, mit den Geistern in Verbindung zu stehen und mehr zu vermögen als gewöhnliche Menschen. Dieser ließ die vier Schatzgräber jeden in einer Ecke des Grundstückes sich aufstellen, während er in der Mitte sich zu schaffen machte. Da lief auf einmal ein schwarzer Hund über das Grundstück, worauf der Mann aus Alberschwende den Schatzgräbern zurief, er könne hier nichts machen, sie sollten aufhören zu graben.*

Auch wenn es kein schwarzer Pudel war, allein die Bezeichnung »schwarzer Hund« genügt, die Sache als das einzuschätzen, was sie war: gefährlich! Konnte hinter einer Katze nach altem Glauben immer noch eine Hexe vermutet werden –

was ja schon schlimm genug war –, hinter einem schwarzen Hund steckte der Gottseibeiuns selbst. Das hatte sich auch auf der Schnepfegg gezeigt, als zwei Männer dort einen Schatz heben wollten und der Pfarrer von Schwarzenberg sie schließlich vor dem Ärgsten bewahren musste. Dabei hatten die beiden alles so gut vorbereitet und sogar vom Messner ein Messbuch ausgeliehen. Das schwarze Tier, das die beiden Schatzgräber zähnefletschend bedrohte, verschwand erst, als der geistliche Herr die schon halb fertige Messe wieder rückwärts gelesen hatte.

Auch auf Schloss Hohenbregenz scheinen ähnliche Mächte im Spiel gewesen zu sein. Es ging ebenfalls um ein goldenes Kegelspiel. Derjenige, der danach grub, war allein, und er hatte nicht die Absicht, einen »Sachverständigen« beizuziehen, schließlich wollte er den Schatz mit niemandem teilen. Spätestens als er schon das zweite Mal von zwölf bis zwei gegraben hatte und abermals wie in der Nacht zuvor urplötzlich alle Erde wieder in die Grube polterte, dürfte ihm klar geworden sein, dass hier nicht alles mit rechten Dingen zugehen mochte. *Die Laterne erlischt und die Schaufel fällt dem Schatzgräber aus der Hand. In der nächsten Nacht aber muß er von neuem beginnen. Das ist die Strafe des Verräters, der die Stadt Bregenz den Schweden verkauft hat und dafür ein goldenes Kegelspiel als Judaslohn empfing.*

Was Sophie Dörler hier vom unheimlichen Geschehen auf dem Schlossberg (später Pfannenberg, heute Gebhardsberg) berichtet, war indes erst der Anfang der Strafe. Die bittere Fortsetzung folgte, und ein Ende war für die nächste Zeit – im Rückblick über mehrere Jahrhunderte – schon damals nicht abzusehen. Aus dem verfluchten Gräber, dessen Bestrafung stark an jene des unglücklichen Sisyphos in der griechischen Sage erinnert, wird später der Klushund. Diese Bezeichnung erinnerte ihn dann auch stets an seinen Verrat, den er an der Klause, jener nach wie vor engen Stelle nördlich der heutigen Landeshauptstadt, begangen hatte.

Carl Gustav Wrangel (1613–1676)

Versprochen hatte ihm das goldene Kegelspiel der damalige feindliche General Wrangel, dem es im Jänner des Jahres 1647 gelungen war Bregenz einzunehmen. Dass er ihm für seinen Verrat ausgerechnet diese Belohnung in Aussicht gestellt hatte, zeigt deutlich, wie verbreitet die Ansicht gewesen sein muss, auf einer entsprechend alten Burg müsse sich auch ein Schatz dieser Art finden lassen. Schließlich war Wrangel ein Schwede. Oder ist sein Wissen etwa anders zu erklären? Nach einer alten Sage soll unser Bodensee unterirdisch mit dem Vättersee – dem zweitgrößten See Schwedens – verbunden sein. Ob die Fische des Bodensees, die gelegentlich in Schweden auftauchten, vom Kegelspiel auf Hohenbregenz geplaudert hatten? Andere Tiere jedenfalls schienen die Vermutungen des Generals zu bestätigen, denn nachdem die Bregenzer Burg beim Abzug der Feinde gesprengt worden war, »… hatt sich auch begeben, demnach es angezündt worden, das vil schwartze Vögel ob dem grad in die weite Höhe auffsteigenden Rauch herumflogen und etlich mal ein klegliche Stimm und Geschrey gehöret worden«. »O wehe, o wehe!«, habe es sich angehört, und etliche der Schweden hätten angedeutet, »es seye gewisslich alda ein Schatz verborgen«.

Aber vielleicht war die Sache mit diesem Kegelspiel überhaupt nur ein übler Trick des schwedischen Generals gewesen, um den nun überflüssig gewordenen Verräter billig abzuspeisen. Oder war die Kostbarkeit, von der hier berichtet wird, etwa jenes goldene Spiel, das sich einst auf Alt-Ems befunden hatte?

Nach einer Emser Sage habe der Graf zur Zeit des Dreißigjährigen Krieges ein paar Goldklumpen nach Bregenz zum besten Goldschmied gebracht, damit ihm dieser ein Kegelspiel daraus mache. Als die Kriegsgefahr damals immer näher gerückt war, hatten die Emser ihre größten Reichtümer auf Hohenbregenz bringen lassen, galt die Festung doch als »Bollwerk Vorarlbergs«, wo Schätze aller Art in dieser gefährlichen Zeit am sichersten zu sein schienen. Bis hierher scheint alles zusammenzupassen, doch dann weiß die Sage zu berichten, vom Kegelspiel habe sich der Graf nicht trennen wollen und er habe es mit einem treuen Diener an einem geheimen Ort vergraben. Die Kostbarkeit – wenn es sie gegeben hat – wurde damals also wohl auf eigenem, emsischem Grund und Boden versteckt.

Dass die Emser ihre »größten Reichtümer« in dieser Zeit des drohenden Krieges nach Bregenz gebracht haben, hätte Anna Hensler sicher anders gesehen. In einem Zeitungsbeitrag beschäftigt sie sich einmal mit dem Schicksal der Emser Schätze und geht der Frage nach, wohin sie verschwunden sein könnten. Gegen Ende des Textes heißt es. »Der Reichtum des Geschlechtes war für immer entschwunden«, und dann fährt die Dichterin fort: »Der Reichtum wohl, aber nicht der Glanz«, denn gut

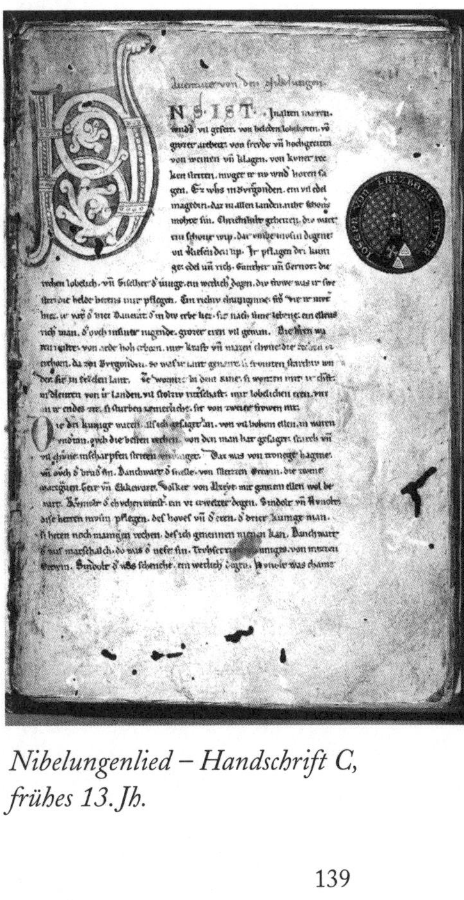

Nibelungenlied – Handschrift C, frühes 13. Jh.

hundert Jahre später wurde in der Bibliothek des Schlosses eine Handschrift des Nibelungenliedes gefunden, ein Schatz, »wertvoller als der Goldhort, den Hagen nach der Sage im Rhein versenkte«.

Mit einer Sage von der alten Rankweiler Burg kommen wir endlich zu dem, worum es bei einem goldenen Kegelspiel denn doch auch noch gehen sollte, zum Spielen, also zum eigentlichen Kegeln. Inwieweit die Burg und die heutige Liebfrauenkirche in alten Zeiten bereits ineinander verwachsen waren, soll uns an dieser Stelle nicht weiter beschäftigen, auch den Spielern in den unterirdischen Gewölben machte es offensichtlich nichts aus, dass sie ihre Wettkämpfe laut Sage in einem weitläufigen Gewölbe austrugen, das sich unter dem Schiff der Kirche ausbreitet. »Ausbreitet« sagt Franz Josef Vonbun, wohlgemerkt! Die Sage findet sich bereits in seiner Sagensammlung von 1858, und es klingt ganz so, als ob sich daran bis in seine Zeit nichts geändert hätte. Gleichzeitig betont er jedoch, dass er nur die Meinung des Volkes wiedergebe. Die Wirklichkeit schaut indes wesentlich nüchterner aus, denn unter dem Kirchenboden der Liebfrauenkirche ist der blanke Fels. Derartiges wollte man in früheren Zeiten einfach nicht wahrhaben, und so erzählte eine Generation der nächsten weiter, wie die alten Herren von Hörnlingen dort zusammengekommen seien, *um vornehm zu essen und zu trinken und sich mit dem güldenen Kegelspiel prächtig zu unterhalten.*

Immerhin bezeichnet die Sage die Hörnlinger richtig als »Herren« und nicht etwa als Ritter. Letzteres waren sie nämlich ganz sicher nicht, jedenfalls nicht in Rankweil. Dort sind sie nämlich erst ab 1493 aktenkundig. In diesem Jahr war Maximilian I. gerade Kaiser geworden und er gilt bekanntlich als »letzter Ritter«.

Wenn bis auf dieses Beispiel immer die Rede von Schatzgräbern war, die es auf solche goldene Kegelspiele abgesehen hatten, so macht indes auch Rankweil in diesem Punkt keine

Der Schatzgräber – Ludwig Richter, 1842

Ausnahme. Dr. Andreas Fusangel, von 1900 bis 1928 Pfarrherr auf dem Liebfrauenberg, berichtet in seinen Aufzeichnungen von einem solchen Goldhungrigen, der den Weg durch die unterirdischen Gänge suchte:

Er fand alles hell erleuchtet. An den Wänden sah er eine stattliche Anzahl alter Herren schlafend sitzen. Sie waren wunderlich ge-

kleidet. Er sah auch die goldenen Kegel und Kugeln. Jedoch traute er sich nicht näher hinzutreten und eilte wieder ans Tageslicht. Man kann sich vorstellen, was er von seinen Kameraden zu hören bekam, als er ihnen von seinem Erlebnis erzählt hatte: »*Du bist auch nicht recht gescheit gewesen! Warum hast du dir das goldene Kegelspiel nicht mitgenommen?*« *Der also sprach, machte sich nun auf, um das Spiel für sich zu holen. Aber er ist nicht mehr zum Vorschein gekommen und für immer verschwunden.*

Wenn es tatsächlich so war und die alten Herren sich nur ein wenig ausruhten, um anschließend wieder ihr Spiel aufzunehmen, werden sie sicher erfreut gewesen sein, im Neuankömmling endlich einen geeigneten Kegelbuben bekommen zu haben.

Apropos Kegelbub! Von einem elf- oder zwölfjährigen Buben, der es gewagt habe, einen solchen unterirdischen Gang zu erforschen, schreibt auch der Rankweiler Chronist Johannes Häusle, und zur entsprechenden Abschreckung von Unbelehrbaren fährt er fort, dieser habe es mit seinem Leben bezahlt, denn der Unglückliche ist *gleich aufgeschwollen und gestorben. Niemandt hat ime können helfen.*

Franz Karl Ginzkey, von dem bereits einmal die Rede war, hat noch einen weiteren unheimlichen Stoff zu einer Ballade verarbeitet. Es ist die Geschichte von Simon Gnu, dem großen Kegler, der den Teufel zu einem Wettkampf herausfordert und dabei sein Leben einbüßt. Als Ziel dienen bei dem nächtlichen Spuk zwar auch die üblichen neun Kegel, doch als Kugel hat der Höllische etwas Besonderes mitgebracht: einen blanken Totenschädel. Um solche geht es auch im nächsten Kapitel.

HEILIGE SCHÄDEL UND TOTENKÖPFE

Dass zu Zeiten, als in der alten Fridolinskapelle auf dem Rankler Liebfrauenberg noch eine große Menge an Knochen gelagert war, gelegentlich von einem Wallfahrer ein Schädel als »Andenken« mitgenommen wurde, ist eine Tatsache. So berichtet es jedenfalls der bereits einmal erwähnte Dr. Andreas Fusangel, Pfarrer in Rankweil, vor etwa neunzig Jahren in seiner Chronik. So ein Totenschädel war eben doch etwas Besonderes, und zwar bereits in ältesten Zeiten.

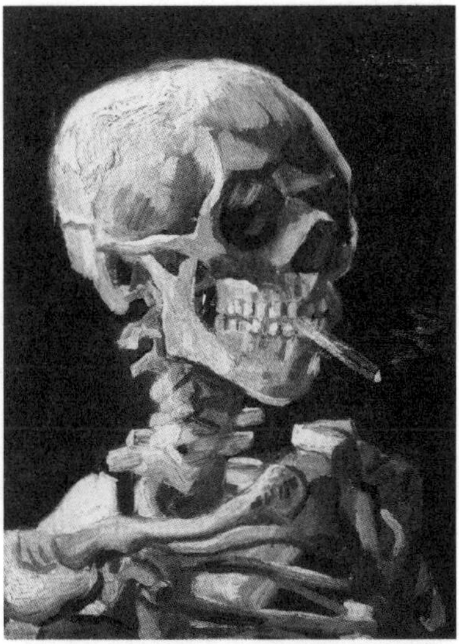

Schädel mit brennender Zigarette
Vincent van Gogh, 1886

Unwillkürlich fallen einem vielleicht die alten Kelten ein, von denen berichtet wird, es sei bei ihnen Sitte gewesen, getöteten Feinden die Köpfe abzuschneiden, diese an die Sättel ihrer Pferde anzuknüpfen, um sie später über der heimatlichen Hoftüre aufhängen zu können. Bei solchen Schilderungen regt sich wahrscheinlich ein gewisser Widerstand, derartige Kerle als Auch-Vorfahren zu akzeptieren, denn schließlich saßen solche Kelten auch einstens in Brigantion, unserem heutigen Bregenz. Doch wer weiß, ob es uns mit anderen Vorfahren anders ergangen wäre, galt so ein Kopf doch als der Repräsentant des Toten, und der Schädelkult war in vorgeschichtlicher Zeit entsprechend weit verbreitet. Das Christentum hat – so wie vieles – auch dies übernommen, und so kamen manche Schädel oder wenigstens Hirnschalen von Heiligen zu hohen Ehren, jene der hl. Walburga und des hl. Apostels Bartholomäus zum Beispiel, um nur gerade zwei zu nennen. Auch die Sitte, aus solchen Hirnschalen Trinkgefäße zu verfertigen, zieht sich ungebrochen bis in die jüngste Zeit herauf, wenn man vom heilbringenden Trinken aus der (angeblichen) Hirnschale des hl. Sebastian in Ebersberg bei München hört.

Auch bei uns galt wie überall in christlichen Landen so ein Schädel eines Heiligen in früheren Zeiten als äußerst wertvolle Reliquie. Nicht umsonst verfolgten einst die Römer unseren Bregenzer Grafenspross, den hl. Gebhard, als er aus der Ewigen Stadt abreiste, wo ihm der Papst gerade die Kopfreliquie eines seiner Vorgänger geschenkt hatte. Es ging dabei allerdings auch nicht um irgendeinen päpstlichen Schädel, sondern um den Gregors des Großen. Gebhard, damals Bischof von Konstanz, brachte das wertvolle Geschenk aber gut nach Hause, da es ihm gelungen war, seine Verfolger abzuschütteln. Als diese ihm nämlich am Po schon ziemlich nahe gekommen waren, hatte er das Kreuzzeichen gemacht, die Fluten hatten sich geteilt, und trockenen Fußes hatte er sein wertvolles Mitbringsel ans andere Ufer und in der Folge in seine Bischofsstadt am Bodensee gebracht. Jetzt konnte es seine Diözese endlich mit der Churer Nachbarin

St. Gebhard, Glasfenster der Pfarrkirche Möggers

aufnehmen, die auf dem Viktorsberg oben schon seit der karolingischen Zeit eine solche Schädel-Reliquie besaß, jene von Viktor I. Der war zwar auch ein heiliger Papst gewesen, doch bei Gregors Kopf handelte es sich immerhin um jenen des berühmtesten Stellvertreters Christi während des ersten Jahrtausends. Viktor I. dagegen war doch eine eher wenig bekannte Persönlichkeit, bei der es außerdem rund um ihre Biografie einige Fragezeichen gab. Bei seiner erhaltenen Kopfreliquie in der Viktorsberger Kirche handelt es sich allerdings nicht mehr um das Original. Die Schädeldecke des sel. Gerold dagegen, die sich noch heute in einer Nische seines Gedenkraums in der Propstei St. Gerold befindet, soll noch die echte Reliquie sein.

Papst Viktor I., Glasfenster der Pfarrkirche Viktorsberg (Ausschnitt), 15. Jh.

Auch in späterer Zeit war der Wert eines solchen Heiligen-Schädels unbestritten. So gab es um die sterblichen Überreste – und vor allem auch um den Kopf – des Märtyrers Fidelis noch einige Aufregungen. Nachdem der Kapuziner am 24. April des Jahres 1622 in Seewis im Prätigau erschlagen worden war, waren seine Mitbrüder sicher nicht daran interessiert gewesen, sich noch lange in dieser gefährlichen Gegend aufzuhalten, und hatten in aller Eile das Wichtigste ihres Mitbruders, darunter eben den Kopf, nach Feldkirch mitgenommen. Beim zweiten Mal, als der restliche Körper geholt wurde, wollte der zuständige Bischof von Chur nicht leer ausgehen, und so wurden die Reliquien des Heiligen schließlich – verlost. Sigmaringen, die

Heimatstadt des Kapuzinerpaters, bekam einen Armknochen, der Leib des bald darauf heilig Gesprochenen kam nach Chur in die Krypta des Doms, und Feldkirch durfte den Kopf behalten. Und dort befindet er sich noch heute. In der Fideliskapelle ist das Haupt des Heiligen in einer vergoldeten Vitrine zu sehen.

Dass sich das Kloster St. Gallen um die Gebeine und natürlich vor allem um den Schädel des hl. Eusebius bemühte, als das Kloster der Minoriten in der josefinischen Zeit aufgehoben wurde, war zu erwarten gewesen. Schließlich war dieser ein irischer Mönch, der nach seiner Ankunft aus seiner Heimat wahrscheinlich einige Zeit in diesem schweizerischen Kloster verbracht hatte. Ob er später wirklich – wie es die Legende erzählt – in Brederis von aufgebrachten Bauern um diesen nun so begehrten Kopf kürzer gemacht worden war, tut dabei im Grunde genommen nichts zur Sache und sollte an der Verehrungswürdigkeit seines Schädels eigentlich nichts ändern. Andererseits ist Eusebius damit natürlich zum Märtyrer geworden, während er sonst eben nur einer jener heiligmäßig lebenden Inklusen geblieben wäre. Nachdem im Jahr 1785 das Viktorsberger Kloster auf kaiserlichen Befehl aufgehoben worden war, wurden die sterblichen Überreste des Heiligen unter feierlichem Glockenge-

Schädel des hl. Fidelius, Kapuzinerkloster Feldkirch

läute und Salutschüssen nach St. Gallen gebracht, und auf diese Art kam Eusebius wieder in jenes Kloster zurück, aus dem er einst ausgezogen war.

Was sich damals nach seinem gewaltsamen Tod abgespielt hatte, dürfte bekannt sein: Der Enthauptete nahm seinen abgeschlagenen Kopf mit der Rechten auf, ging damit dreimal in die Runde und trug ihn dann nach Viktorsberg hinauf. In den meisten Legenden erfährt man nicht, wann denn der Mann ohne Kopf nun wirklich gestorben ist. Andreas Ulmer mag dieses wichtige Detail auch vermisst haben und gab deshalb in seiner Darstellung die entsprechende Antwort auf diese Frage: *Ein Bildstock auf der halben Höhe des Viktorsbergs bezeichnet die Stelle,*

Martertod des hl. Fidelius, Gemälde in der Rankweiler Basilika (Ausschnitt)

bis zu der er, das Haupt tragend, gekommen sei, um dann hier zu verscheiden.

Nach Johann Georg Tibianus dagegen – er hat gegen Ende des 16. Jahrhunderts eine Lebensgeschichte des Heiligen aufgezeichnet – ist Eusebius noch auf den Berg hinaufgegangen und hat erst oben, bei der Viktorskirche, seinen Geist aufgegeben.

Ein großes Gemälde in der Vorhalle der Rankweiler Liebfrauenkirche erinnert an die seltsame Begebenheit. In einem seiner Gedichte schildert der Lustenauer Hannes Grabher, wie ein Wallfahrer in Rankweil beim Betrachten dieses Bildes der irrtümlichen Meinung ist, der Heilige habe seinen Kopf seinerzeit nicht in Brederis, sondern jenseits des Rheins verloren. Sein Begleiter gibt ihm Recht und schildert, wie der Heilige damals sein Haupt genommen habe und damit über den Rhein geschwommen sei. Das leuchtet dem anderen nicht sofort ein, und so fragt er, wo der Heilige denn seinen Kopf während des Schwimmens hingetan habe. »Bischt du a närrschi«, sagt sein Begleiter, »i's Muul heät ar a g'nau!«

Um derart wichtige Reliquien geht es im Folgenden nicht mehr, ab nun liefert eher das gewöhnliche christliche Fußvolk die entsprechenden Köpfe. Da diese üblicherweise nicht in reich geschmückten Vitrinen zu verehren oder zu bewundern sind, begeben wir uns für den nächsten Abschnitt dorthin, wo sie ihre letzte Ruhestätte gefunden haben.

Zu einem mittelalterlichen Friedhof gehörte meist auch ein Karner, ein Beinhaus. Dort wurden die exhumierten, gesäuberten, oft aber auch noch mit unverwestem Fleisch behafteten Knochen der Verstorbenen aufbewahrt, um sie vor Verunehrung und Witterung zu schützen. Über allem wachte in der Regel der Erzengel Michael als Seelenbegleiter, und im Untergeschoß, dem eigentlichen Beinhaus, befanden sich die Knochen der Verstorbenen; die Schädel meistens getrennt von den anderen Skelettteilen.

»Sie stehn in Reih geklemmt, die sonst sich hassten,
und derbe Knochen, die sich tödlich schlugen,
sie liegen kreuzweis, zahm allhier zu rasten«, beschreibt Goethe den Anblick.

Kleinere Ortschaften, die kein eigenes Beinhaus hatten, behalfen sich damit, indem man die Gebeine in einem Kirchenanbau aufschichtete. Dort konnten sie von den vorübergehenden Gläubigen dann auch gut mit Weihwasser besprengt werden und mahnten gleichzeitig zum Gebet für die Verstorbenen.

Wovon Norman Douglas in seinen Jugenderinnerungen berichtet, dürfte wohl eher die Ausnahme gewesen sein. Als er und seine kleine Schwester einmal von der »Alten Anna«, ihrer Gouvernante, zur Kirche St. Martin in Ludesch mitgenommen worden waren, entdeckten die zwei »... in einer Gruft eine ansehnliche Anhäufung menschlicher Schädel. Wir zogen vier oder fünf ans Tageslicht und – schoben Kegel mit ihnen.« Dabei steht mit Sicherheit fest, dass der in Thüringen geborene spätere Schriftsteller und Weltenbummler von Franz Karl Ginzkey und seiner Kegler-Ballade nichts gewusst haben konnte.

Ein eher schlichtes, aber doch eindrucksvolles Beinhaus besitzt auch heute noch Rankweil. Es steht neben der alten St.-Peters-Kirche und stammt aus der Barockzeit. Doch nicht um dieses geht es in der Sage, sondern um jenes in der alten Fridolinskapelle oben auf dem Berg, die bis 1910 als Beinhaus diente und von dem auch der eingangs erwähnte Rankweiler Pfarrherr berichtet. Inzwischen ist es schon längst zu einer Gedenkstätte für gefallene Soldaten beider Weltkriege umgebaut worden.

Da saßen an einem Abend vor vielen Jahren einmal in Rankweil hinterm Berg ein paar junge Leute beisammen und unterhielten sich über dieses und jenes, und schließlich kam man auf das Thema Geister zu sprechen. Unter den Anwesenden befand sich auch Liesa, die Tochter des Rossmetzgers. Sie war bekannt dafür, dass sie sich nicht so schnell ins Bockshorn jagen ließ. Schließlich war sie von ihrem Zuhause her allerhand gewöhnt; das Gewerbe ihres Vaters hatte es mit sich gebracht, dass sie von klein auf mit Dingen umging, vor denen andere vielleicht gezögert hätten. Sie fand das ganze Gerede überflüssig und meinte, dass es ihrer Ansicht nach eigentlich nichts auf der Welt gebe, das zu fürchten sei; auch vor einem Geist hätte sie kein bisschen Angst, ganz im Gegenteil, dem würde sie's schon zeigen. Da meinte ihr Bruder, der auch in der Runde saß, hinter der Ofenbank sei gut reden. Wenn sie dagegen um Mitternacht zur Liebfrauenkirche hinaufgehe und aus dem Beinhaus einen Totenkopf herunterhole, würde ihn das eher von ihrem Mut überzeugen als das Sprücheklopfen. Das Mädchen war einverstanden, gleich morgen Nacht bringe sie einen Schädel herunter.

Am nächsten Abend traf man sich wieder. Tatsächlich machte sich Liesa etwa um halb zwölf in der Nacht auf den Weg hinauf zur Kirche. Inzwischen war dort oben auch der Nachtwächter, der über dem Haupteingang zum Bergfriedhof sein Stübchen hatte, von der »Mutprobe« unterrichtet worden.

Blick ins Beinhaus von St. Peter, Rankweil

Er hatte eigens das Tor offen gelassen, wünschte ihr auch einen guten Abend oder bereits eine gute Nacht, wollte sie aber auf ihrem Weg keinesfalls begleiten.

In der alten Fridolinskapelle angekommen, griff des Rossmetzgers Töchterlein gleich nach dem erstbesten der bleichen Köpfe. Da erscholl eine hohle Stimme: »Halt, der gehört mir!« – Also versuchte sie es mit dem nächsten. Doch auch diesmal meldete sich offensichtlich dessen Besitzer mit denselben Worten. Als sich auch noch der dritte zur Wehr setzte, kam der Mut des Mädchens denn doch etwas ins Wanken. Trotzdem packte sie einen der gelblichblanken Schädel und meinte dabei unwirsch: »Zum Teufel, wie viele Köpfe hast du denn?« Dann aber rannte sie, so schnell sie ihre Beine trugen, hinunter ins Dorf, wo die Runde schon gespannt wartete. Wortlos legte sie den Kopf auf den Tisch, verzog sich dann aber, doch etwas blass geworden, hinüber zur Ofenbank. Und dann klärte sich alles auf: Ihre eigenen Altersgenossen hatten ihr den Streich gespielt.

»Wie Liesa das Fürchten lernte« heißt der Beitrag von Anna Linder-Knecht im Volkskalender des Jahres 1959. Doch so eine richtige Sage ist es eigentlich nicht, eher eine Gruselgeschichte. Das wird dem Leser auch bereits klar, bevor verraten wird, wem die unheimlichen Stimmen im Beinhaus gehört haben.

Rankweil muss sich den Ruhm – wenn es einer wäre –, derart couragierte junge Leute zu besitzen, mit einer Gemeinde im Norden unseres Landes teilen. Welche dabei gemeint ist, geht aus den Aufzeichnungen von Adolf Dörler, der eine ganz ähnliche Geschichte bereits ein halbes Jahrhundert zuvor aufgezeichnet hat, nicht hervor. Diesmal ist es ein junger Bursch, der spät nachts in feuchtfröhlicher Runde sitzt und wettet, auf der Stelle einen Totenkopf aus dem Beinhaus zu holen und wieder zurückzutragen. Auch hier ruft eine hohle Stimme: »Lass mir meinen Kopf da!«, als der Vorwitzige in der Kapelle nach einem der blanken Schädel greifen will. Und als er nach dem zweiten

Versuch auch noch einen weiteren packt und dieser sich zu melden scheint, bekommt der Tote auch diesmal die Antwort: »Halt's Mul, du hoscht it zwoa Kepf!« Überflüssig zu erwähnen, dass es auch in diesem Falle einer der Kollegen war, der dem Burschen den »lustigen« Streich gespielt hatte.

Bei einem Bericht aus der bekannten »Zimmernschen Chronik« des 16. Jahrhunderts dagegen, da klingt die »Mutprobe« noch ganz anders. Hier sind es drei verwegene Gesellen, die zu nächtlicher Stunde zechen und schließlich darum spielen, wer von ihnen einen Totenkopf aus dem nahen Beinhaus holen müsse. Es trifft ausgerechnet den Verzagtesten der drei und nur widerstrebend macht sich dieser auf den Weg. Im Beinhaus angekommen, verlässt ihn aller Mut. Erst beim dritten Versuch kann er seine Furcht so weit überwinden, einen der Totenköpfe aufzuheben. Da sagt dieser mit rauer Stimme: »Lass mich liegen!« Zu Tode erschrocken lässt er ihn fallen und läuft wieder zu seinen Gesellen zurück. Auch die drei erschrecken über das Berichtete. Am nächsten Morgen sind alle schwer krank. Die beiden Mitspieler erholen sich zwar bald darauf wieder, jener aber, der das Abenteuer erlebt hat, verstirbt am dritten Tag. Keine Rede von einem, der seinem Zechkumpan einen üblen Streich spielen wollte! Während bei diesem Text das Grauen und die Folgen des Frevels spürbar bleiben, will sich in den Erzählungen unseres Landes und unserer Zeit jenes Gefühl, das echte Sagen auszulösen imstande sind, nicht einstellen.

Noch mehr gilt dies für das Folgende, das allerdings auch nicht als Sage gelten möchte, handelt es sich bei ihm doch um einen Tatsachenbericht. Ereignet hat sich das Geschehen in einer Berggemeinde im nördlichsten Teil unseres Landes, auf den bereits die freche Antwort von den »zwoa Kepf« von vorhin hingewiesen zu haben scheint.

Es war vor etwa vierzig Jahren, da traf der Lehrer der dortigen Volksschule während eines nachmittäglichen Spaziergangs einen Arbeiter, der unmittelbar neben einem Weg eine Grube ausgehoben hatte. Der Vorbeigehende staunte nicht schlecht, als er etwas abseits auf einem Erdhügel einen Totenkopf liegen sah. Auf seine Frage, ob dieser etwa aus dem Loch da komme und was mit ihm geschehe, erklärte der Grabende, er habe den Schädel gerade vorhin bei seiner Arbeit gefunden und er gebe ihn am Abend dem Totengräber, der ihn wahrscheinlich bei der nächsten Beerdigung mit ins Grab lege. Der Lehrer – immer auf der Suche nach geeigneten Anschauungsmitteln für seine Schüler – meinte, dem Fund fehle zwar der Unterkiefer, aber er wäre trotzdem ein ausgezeichnetes Lehrmittel. Mit dem ließe sich zum Beispiel so richtig gut erklären, was ein Schädelbasisbruch sei. Wenn nichts dagegen spreche, nehme er den Kopf mit in die Schule. Da müsse er schon auch noch den Toten fragen, lachte der Arbeiter, hatte aber nichts gegen die offensichtlich redlichen Absichten des Lehrers einzuwenden.

Dieser, noch jung und ledig, besaß zwar in der Schule eine Wohnung mit entsprechender Küche, die allerdings geradezu spartanisch eingerichtet war. So verfügte sie auch über keine geeigneten Mittel, um den Totenkopf, der bis zu seinen Augenhöhlen mit lehmiger Erde angefüllt war, auf Hochglanz zu bringen.

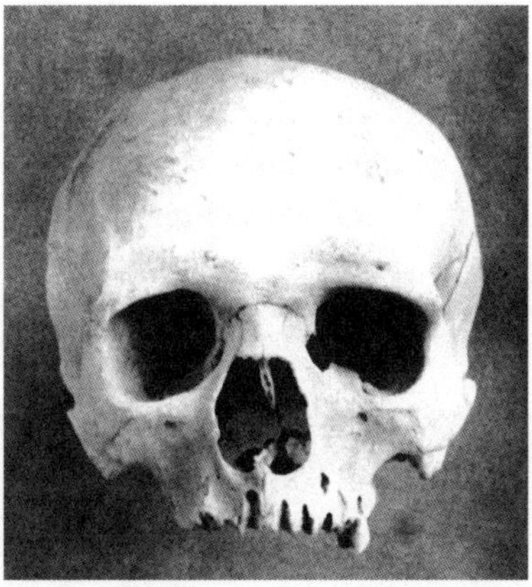

Um als Lehrmittel zu beeindrucken, war eine gründliche, sozusagen eine Generalreinigung vonnöten. In der Schulküche jedoch, die sich im oberen Stock des Schulhauses befand, dort gab es alle notwendigen Putzmittel, besonders auch kleinere, langstielige Bürstchen, mit denen es ein Leichtes war, bei den Augenhöhlen oder unten an der Schädelbasis hinein- und wieder herauszufahren. Nach etwa halbstündiger Arbeit sah der Kopf dann zwar um einiges besser aus, seine schmutzig-gelbliche Farbe aber hatte sich auch mit sämtlichen Scheuermitteln nicht entfernen lassen. Ein Einweichen in einer entsprechend starken Waschmittellösung während der Nacht würde dem zukünftigen Lehrbehelf sicher gut tun.

Als am nächsten Morgen, kurz nach Unterrichtsbeginn, gleich mehrmals markdurchdringendes Schreien aus Richtung Schulküche ertönte, war dem Lehrer sofort klar, was es zu bedeuten hatte. Er befand sich gerade in seiner Klasse und rannte gleich los, um das Schlimmste zu verhindern. Doch schon stöckelte es über die Stiege herunter, dann fiel das Schultor ins Schloss, und als kurz darauf der Motor eines Autos aufheulte, wusste der Totenkopf-Putzer, dass es sich nur um das »Fräulein« handeln konnte. Während der ganzen Woche war es nur ein einziges Mal bereits am frühen Morgen da, und zwar dann, wenn Kochen auf dem Stundenplan stand, und das war ausgerechnet an diesem Vormittag. In der Schulküche angekommen, bot sich dem Eintretenden ein eigenartiges Bild: An den Wänden lehnten verstörte Schülerinnen, von denen gleich einige mit bleichen Gesichtern in Richtung Brunnen deuteten. Das wäre eigentlich gar nicht nötig gewesen, wusste der Lehrer doch selbst gut genug, wohin er zu blicken hatte. Im Waschbecken wölbte sich über dem Wasserspiegel etwas Gelbliches: der Hinterkopf des Totenschädels.

Was an Entschuldigungen und Wiedergutmachungsversuchen von Seiten des Urhebers der ganzen Aufregung unternommen wurde, würde ein eigenes Kapitel füllen. Vermerkt werden soll jedoch, dass das entsprechende Lehrmittel mit einer eigens angefertigten Inventarnummer in der Folge oft gute Dienste tat und stets mit dem nötigen Respekt behandelt wurde.

Es wird Zeit, den makabren Abstecher in die Realität zu beenden und sich wieder den sagenhaften Dingen rund um jene Köpfe zuzuwenden, um die es hier gehen soll.

Da fand einmal im Frühling – es war auf einer Alpe hoch oben im Vermunt – ein »Schäfler«, also ein Schafhirt, nahe beim Gletscher den Leichnam eines Mannes. Als er die Taschen des Toten untersuchte, entdeckte er eine große Summe Geldes und dachte bei sich: *»Wenn ich schon so viel Geld bekommen habe, so will ich doch den Toten auf den Friedhof tun.«* Er ging zur Hütte eine Butte holen, in der er die Vorräte vom Land hereinnahm, und wollte ihn so hinaustragen. Als er aber den Toten hineinlegte, fiel der Kopf vom Rumpf und rollte über einen steilen Abhang hinunter. Kein Suchen half. Der Kopf blieb verschwunden. Dem Hirten war es gar nicht recht, doch was sollte er tun? Dass die Sache mit der vergeblichen Suche nicht abgetan war, wurde ihm aber spätestens dann klar, als er bemerkte, dass er zwei Schatten hatte. Da konnte nur noch der Pfarrer helfen! Als er diesem von seinem Erlebnis erzählte, wusste ihm der Geistliche auch keinen anderen Rat zu geben als den Kopf zu suchen, bis er ihn eben habe. Also machte er sich erneut auf die Suche. Gerade als er dabei auf der abschüssigen Halde zwischen dem Zwergholz herumstöberte, sprang auf einmal unter einem Stein ein Lamm heraus. *»Das muß vergessen worden sein«, meinte der Schäfler, »ich muß es mitnehmen.« Er wollte es fangen, da kam er zum Totenkopf, und das Lamm war verschwunden. Als der Totenkopf auf dem Friedhof war, hatte der Schäfler wieder nur einen Schatten.* Offensichtlich zeigt sich in der Sage die Anschauung, dass die im Kopf wohnende Seele keine Ruhe findet, wenn dieser nicht richtig bestattet ist. Dass ausgerechnet ein Lamm auftritt, ist ein deutlicher Hinweis darauf, galt es doch als Seelentier.

Der Hirt hatte die große Summe, die er beim Toten gefunden hatte, von vornherein als sein Eigentum betrachtet; das war nicht unproblematisch, galt gefundenes Geld nach der Volksmeinung doch eher als Unglück bringend.

In der nächsten Sage geht es ebenfalls um Geld, doch diesmal stammt es aus einem redlichen Kauf. Erzählt wird abermals von einem Montafoner; er war ein Bauer, hieß Hans Bärawald und war einer der ersten Bewohner der »Innerfratte«, also des hinteren Tales. Eines Tages kaufte ihm ein Händler die schönste Kuh ab. Wehmütig schaute der Bauer dem Tier nach, wie es talabwärts ging, und auf einmal reute ihn der Handel. Also eilte er dem Käufer nach und wollte die Sache rückgängig machen. Doch der Händler wollte nicht darauf eingehen. Da erschlug ihn Bärawald. *Nach Jahren wurde im Walde ein Totenkopf gefunden. Diesen brachte man in die Kirche und legte ihn auf den Altar. Alle Bewohner des Gebietes hatten in der Kirche zu erscheinen, und während des Opferganges um den Altar mußte jeder mit dem Zeigefinger der rechten Hand den Totenschädel berühren und dabei die Frage stellen: »Bin ich schuldig an deinem Tod?«* Hans Bärawald, inzwischen ein altes gebrechliches Männlein, wollte nicht zum Opfer gehen und er wusste warum. Auch nachdem ihn der Pfarrer dazu aufgefordert hatte, rührte er sich nicht aus seiner Bank. Da packten ihn ein paar energische Männer und führten ihn zum Altar, und als er den Totenkopf berührte und heiser die Frage stellte, begann der Kopf zu bluten. Der Mörder war entlarvt.

Allgemein bekannt ist jene Stelle aus dem Nibelungenlied, in der erzählt wird, wie Kriemhild verlangt, alle Jagdteilnehmer müssten an der Leiche ihres ermordeten Gemahls vorbeiziehen. Als Hagen, der Mörder, an die Bahre des Toten trat, begann Siegfrieds Wunde wieder zu bluten.

Vom Blut einmal abgesehen, handelt es sich im »Fall Bärawald« vielleicht um ein tatsächliches Geschehen. Die »Bahrprobe« war in früheren Zeiten durchaus eine gängige Möglichkeit, einen Mörder zu überführen. Dabei zeigte der Getötete durch das Aufbrechen seiner Wunden oder durch andere Zeichen den Täter an. Der Verdächtigte musste in so einem Fall – oft unbekleidet, um mögliche Verstecke für Zauberamulette o. ä. auszuschließen – an die Bahre des Getöteten treten, die Wunden berühren und dreimal bei Gott und beim Toten bezeugen, dass er unschuldig sei. Bluteten die Wunden, war der Fall klar, veränderten sie sich nicht, so war die Unschuld bewiesen. Dieses »Bahrrecht« konnte durchaus auch bei Totenköpfen angewandt werden, die bereits – wie im Falle Bärawald – etliche Jahre im Wald gelegen waren. Auch wenn das Fließen des Blutes mit Recht bezweifelt werden darf, es brauchte doch einen hartgesottenen Täter, der in dieser Situation die Nerven bewahrte und sich nicht verriet.

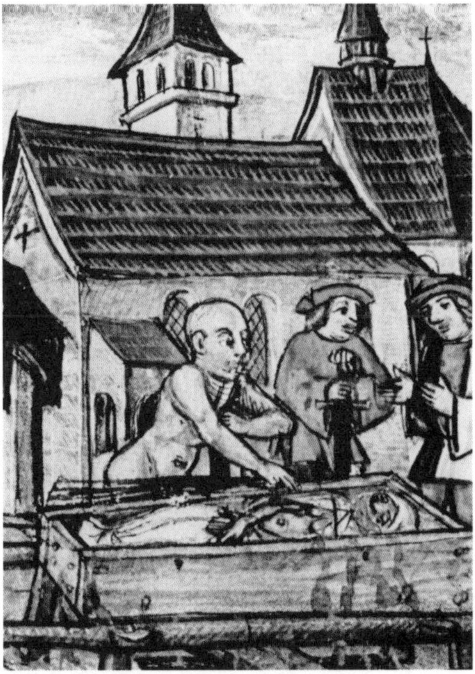

»Bahrprobe« – Luzerner Chronik, 1513

Verdankt der »Bärawald« im inneren Montafon, hoch oben am Nordostabhang des Neßlakopfs bei Galgenul, seinen Namen – zumindest nach dieser Sage – somit einem Mörder, so verhält es sich beim »Metzgerwald«, eine halbe Stunde hinter Schönenbach am linken Subersufer, genau umgekehrt. Hier ist es das Opfer, das im Namen des Waldes weiterlebt. Es handelte sich nämlich um einen Metzger, der einst aus Italien kam, um Schlachtvieh einzukaufen und hier sein Leben lassen musste. Warum ihm sein Mörder – ein Hirt von der Alpe Halden – aufgelauert hatte, darüber braucht nicht lange gerätselt zu werden, das Opfer trug Geld bei sich, und zwar nicht wenig. Bereits im nächsten Jahr wurde der Hirt wieder auf die Alpe gedungen. Diesmal nahm er einen Hund mit. *Als beide einmal an der Mordstelle vorbeigingen, wollte der Hund nicht mehr weiter. Auf einmal sprang er tiefer in den Wald und brachte den Kopf des*

Metzgers. Erschrocken kehrte der Hirte um und kam leichenblaß in der Hütte an. Er erzählte, was geschehen war und gestand, daß er den fremden Metzger ermordet hatte.

Der unbekleidete Mann im vorhergehenden Bild ist Hans Spieß, der 1503 in Ettiswil (Luzern) seine Frau umgebracht hatte. Als er bei der »Bahrprobe« seine Unschuld beschwören wollte, begann die Leiche der Ermordeten zu bluten. Da fiel der Mörder in die Knie und gestand. *Man band ihn am Boden ausgestreckt fest. Unter seine Gelenke wurden Holzscheiter geschoben und die Knochen dazwischen mit einem Rad zerschlagen. Aufs Rad gebunden, krepierte er langsam und in großer Reue und Andacht.*

Was mit Hans Bärawald und dem Hirten der Alpe Halden anschließend geschah, ist nicht überliefert, aber es wird den beiden wohl nicht viel besser ergangen sein. An Richtstätten gab es damals bei uns im Land keinen Mangel.

Rädern – Schweizer Chronik des J. Stumpf, 1586

GALGENVÖGEL UND GEKÖPFTE

Von großer Reue und Andacht, wie es im letzten Kapitel vom Schweizer Mörder berichtet wurde, war beim Verurteilten der letzten Hinrichtung in Dornbirn nicht viel zu merken. Er scheint ein hartgesottener Patron gewesen zu sein; obwohl er einen mit der Axt erschlagen hatte, wurde er offensichtlich von keinerlei Gewissensbissen geplagt. Nicht gerade dass er sich seiner Tat gebrüstet hätte, doch als man ihn nach seinem letzten Wunsch fragte, war er kaltschnäuzig genug, einen Schweinsbraten zu verlangen. Dabei war gerade Freitag, also jener Tag, der für einen ordentlichen Christenmenschen fleischlos zu sein hatte. Da machte ihm der Geistliche, der ihn bei seinem letzten Gang begleitete, ernsthafte Vorhaltungen, und schließlich ging der Verurteilte doch noch in sich. Ob wegen seines frevelhaften Wunsches oder wegen seiner Tat, verrät die Sage nicht. *Bei der Hinrichtung wurde ein ganz neues Seil genommen, das noch etwas steif war und zu wenig anzog. Daher entstand das Gerede, der Verurteilte sei später seinem Beichtvater erschienen, um ihm zu sagen, er habe noch um elf Uhr im Dorf läuten gehört, obwohl die Hinrichtung schon um neun Uhr vollstreckt war.*

Wenn die Sage früher in Dornbirn tatsächlich so erzählt wurde, forderte sie der Gutgläubigkeit der Zuhörer schon einiges ab. Die Sache mit dem neuen Seil dagegen klingt durchaus glaubhaft. Riss bei einer Hinrichtung nämlich der Strick, so musste der Delinquent – so Leid es den Richtern und wohl noch mehr den Zuschauern tat – begnadigt werden. Dies hatte mit uralten Vorstellungen zu tun, wonach die überirdischen Mächte in einem derartigen Fall das Opfer nicht gewollt hatten. Aus dem Bregenzerwald ist ein Fall aktenkundig, wonach

Der letzte Gang – Holzschnitt, 1507

bei der geplanten Hinrichtung dreier Diebe im Jahr 1400 beim zweiten der Strick riss, worauf er und auch der dritte Verurteilte tatsächlich begnadigt wurden.

Noch aus einem weiteren Grund durfte es an der guten Qualität des Stricks nicht fehlen: Der Hingerichtete sollte möglichst lange am Galgen hängen bleiben, *daß die Vögel darab gefressen haben und die Gerippe dann, wenn der Wind sie bewegte, klapperten.* Der Chronist Johannes Häusle berichtet von vier Übeltätern, die *auf Ranckhweiler Seiten seind aufgehenckht worden. Ale viere zum Exempell und abschreckhen böser Thaten zu verüben hangen laset, wie solches alzeit gebreüchlich.* Ursprünglich durfte ein Gehängter überhaupt nicht abgenommen werden, er sollte am Galgen verfaulen und von selbst herunterfallen. Damit war ihm in der Regel auch ein Begräbnis verweigert und was noch wesentlich schlimmer war: Er konnte seine ewige Ruhe nicht finden.

In der Regel wurde das Hängen an einem Galgen vorgenommen. An diesen wurden meistens zwei Leitern angelehnt, dann stiegen beide hinauf, der Scharfrichter und der Verurteilte. Dem Unglücklichen wurde die Schlinge um den Hals gelegt, anschließend band der Henker das Seil am Galgen fest.

Nun stieg dieser wieder herab und stieß die Leiter um, auf welcher der Delinquent stand.

So machte man es sicher auch, wenn früher in Egg unter der Linde bei der Kirche am »Kilkobühel« unter dem Vorsitz des Landammannes und der 24 Geschworenen das »Hochgericht« tagte. War einer zum Tod verurteilt worden, kam er anschließend noch für einige Zeit in den »Tuon« – den Turm –, bis der Tag der Hinrichtung angebrochen war. Dann wurde er durch die Mühlingergasse hinauf bis zur Richtstätte geleitet,

Mühlingerbild (»Subild«), Egg

wo über den Übeltäter endgültig »der Stab gebrochen« wurde. Das Galgengerüst von Egg stand auf einem besonders schönen Aussichtspunkt. Die Steine, auf denen es errichtet war, verwendete man später zum Bau einer Mauer entlang der erwähnten Gasse. Dort stand eine kleine Kapelle, das »Mühlingerbild«. Sie war errichtet worden, weil man am Hang unterm Galgen nach der Hinrichtung eines unbußfertig gestorbenen

Sünders in der folgenden Nacht oft ein feuriges Schwein hin- und herrennen gesehen habe; nicht verwunderlich, dass die Gedenkstätte im Volk auch als »Subild« bekannt war.

Das feurige Schwein war ganz offensichtlich die unerlöste Seele des Hingerichteten gewesen. Alt und eher vertraut war die Vorstellung von der Seele als Hauch, Wind oder Rauch. Das zeigt sich auch in einer altertümlichen Formel, wonach der Henker den Verurteilten an den Galgen zu knüpfen hatte, »daß der Lufft, Saun und Mon under imme durchgon und schinen möge und die Sell im Lufft Gott dem Allmächtigen zuo schickhen«. Noch im Jahre 1887 hieß es im Großen Walsertal: »Geht ein starker Wind, so hat sich irgendwo einer aufgehängt«.

Doch nicht jeder der Galgenvögel endete am Galgen und wurde »von Meister Knüpfauf mit einer jungen Seilerstochter kopuliert«. Gelegentlich entkam auch einer und suchte dann natürlich schnellstens das Weite. Von einem solchen Fall wird aus Bregenz berichtet. Bekannt war der gerissene Bursche unter dem eher harmlos klingenden Namen »Kriesebueb«. *Dieser Galgenvogel begegnete einmal einem Weiblein bei Hörbranz. »Guete-n-Obed, Wible!« – »O an guete!« – »Wible, host o scho amol da Kriesebueb g'seahe?« – »Nei«, gab das Mütterlein zur Antwort, »aber g'hört ho-n-i scho viel vo deam Kearle.« Da öffnete der Gauner beide Arme und rief: »Wible, lueg-m a, i bin-e!« Die Alte wollte vor Schreck schier umsinken; der Gefürchtete aber lachte und schlug sich in die Büsche.*

Ein anderer, den man im nahen schweizerischen Altstätten gern gehängt hätte, der »Hueter«, entkam ebenfalls noch in der Nacht vor seiner geplanten Hinrichtung und ließ dann kein Gras unter seinen Schuhsohlen wachsen. *Als er vor Tau und Tag Fuhrwerke auf Fuhrwerke, Volk auf Volk auf allen Wegen und Stegen erblickte, fragte er einmal: »Wohin denn so eilig?« – »Altstetta zua«, hieß es, »ma richtat da Hueter!« – »Ho, ho«, spöttelte der Gauner ihnen nach, »do müaßt i eigentli o dabi si!«*

Der Nächste dieses Kapitels war dabei; er ist der Letzte, der in unserem Land öffentlich gehängt worden ist.

Kaiser Franz Joseph stand gerade im sechzehnten Jahr seiner Regentschaft, da wurde ihm das Gnadengesuch eines gewissen Joseph Gasser vorgelegt. Der 35-jährige Lauteracher war vom k. k. Kreisgericht Feldkirch zum Tod durch den Strang verurteilt worden, und das Oberlandesgericht Innsbruck hatte die Berufung abgewiesen. Volltrunken war er eines Nachts – es war nicht das erste Mal – heimgekommen und hatte die Haustüre verschlossen vorgefunden. Nach einer lautstarken Auseinandersetzung mit seiner Frau und seinem Schwiegervater mussten diese bei einem Nachbarn Zuflucht suchen. Der besaß einen Hund, der wegen der nächtlichen Störung zu bellen begonnen hatte. Da sorgte der tobende Lauteracher für Ruhe, indem er das Tier erschoss. Dann legte er sich zur Ruhe. Am nächsten Morgen begab er sich samt seiner Flinte erneut ins Wirtshaus. Diese müsse er abliefern, forderte ihn der Amtsdiener auf, der ebenfalls ins Gasthaus gekommen war. Doch Gasser weigerte sich, schulterte sein Gewehr, ging wieder nach Hause und drohte, »noch mehr Hunde zu erschießen«, falls etwa Gendarmen auftauchten. Diese ließen nicht lange auf sich warten. Gasser, der sich inzwischen in seinem Hause verbarrikadiert hatte, erschoss einen von ihnen, ein anderer blieb schwer verletzt liegen. Inzwischen hatte sich vor dem Haus eine stattliche Menschenmenge angesammelt, die von dem rabiaten Mann lautstark bedroht wurde. Nicht einmal der tote Gendarm durfte weggebracht werden. Jetzt tauchte ein Verwandter Gassers auf, um ein weiteres Blutvergießen zu verhindern, doch auch er stürzte gleich darauf tödlich getroffen zu Boden. Auch das Großaufgebot, das vor dem Haus des Unglücksschützen anrückte, konnte vorläufig nichts ausrichten, nur dass ein weiterer, der versucht hatte, vom Dachboden eines gegenüberliegenden Hauses auf Gasser zu schießen, sein Leben lassen musste. Es wurde Abend und bald brach eine kalte Jännernacht herein. Als am nächsten Morgen die Haustüre bei einem Generalangriff der Belagerer nachgab, wurde der Mordschütze völlig erschöpft und mit geöffneten Pulsadern aufgefunden. Nach kurzer Verarztung brachte man ihn nach Bregenz, wobei er energisch geschützt werden musste, da ihn die aufgebrachte Volksmenge sonst sicher gelyncht hätte. Bei der Gerichtsverhandlung betonte Gasser, die Vorgänge seien ihm nicht mehr erinnerlich und gab an, betrunken gewesen zu sein. Seine Majestät, Kaiser Franz Joseph, geruhte, das Gnadengesuch allerhöchst zu verwerfen, und so kam es am 9. September 1864 um neun Uhr vormittags zur Hinrichtung auf dem früheren »Göfner Riedle« im Steinwald bei Göfis. Hier, auf der seit damals »Gasserplatz« genannten Waldlichtung, war die Richtstätte. Eine Tafel weist auf eine etwa 250 Jahre alte Stieleiche hin und macht den Betrachter eigens auf deren historische Bedeutung aufmerksam. An diesem Baum sei – der Leser mag unwillkürlich ein Würgen in seiner Kehle verspüren – die letz-

te öffentliche Hinrichtung durch Erhängen vollstreckt worden. So steht es jedenfalls zu lesen.

Dass sein Abschied aus dieser Welt nicht in dieser Wildwest-Manier, sondern an einem ordentlichen Galgen vonstatten ging, mag für den Delinquenten nicht von Bedeutung gewesen sein. Jedenfalls waren etwa 6000 Schaulustige aus dem In- und Ausland zum makabren Großereignis gekommen. Ein Kapuzinerpater erteilte dem Verurteilten die Absolution, dieser warf anschließend noch einen kurzen Blick in die Menge und stieg dann festen Schrittes die Stufen zum Galgen empor. Der Scharfrichter, den man aus Innsbruck angefordert hatte, fesselte dem Verurteilten Hände und Füße, legte ihm die Schlinge um den Hals und vollzog, nachdem Gasser mit lauter Stimme »Jesus« gesagt hatte, das Urteil. Der Tod soll bereits nach einer knappen Minute eingetreten sein. Kein Thema wurde in der damaligen Landespresse so breit behandelt wie der Prozess und die Hinrichtung des Mörders. Acht Tage, bevor der Scharfrichter seines Amtes waltete, hatte es in Feldkirch eine Primiz gegeben; ein Ereignis, bei dem es nach allgemeiner Meinung auf ein Paar durchgelaufene Schuhsohlen nicht ankommen sollte, um den Segen des Neupriesters zu erhalten. Als nach Gassers Hinrichtung, eine große Zahl der Schaulustigen anschließend in den Gaststätten der Umgebung einkehrte, stellte die »Rößle«-Wirtin in Feldkirch zufrieden fest: »A so a Henkate ischt mr liaber als wia zeha Primiza!« Im Namen »Gasserplatz« hat sich die Erinnerung ans schlimme Geschehen bis heute erhalten, und noch 85 Jahre später erschien – allerdings im Fasching – im »Feldkircher Anzeiger« ein »Jubiläums-Gedicht«, in dem neben der ob des schönen Verdienstes vergnügten Wirtin auch die lärmenden Buben und die krächzenden Raben erwähnt werden, die seinerzeit den Hinrichtungszug begleiteten.

Was anschließend mit dem Galgen und vor allem mit dem Seil passierte, lässt sich nicht mehr feststellen. Als gut dreißig

Jahre zuvor in Brixen die letzte Hinrichtung stattfand, verschwanden in der darauf folgenden Nacht sowohl das Seil als auch das Gerüst des Galgens. Die Leute hätten sich geradezu um diese Gegenstände gerauft, wurde diesen doch seit alters magische Kräfte zugeschrieben. Auch in unserem Land scheint es nicht viel anders gewesen zu sein, denn 1769 wird in Bregenz der Scharfrichter bestraft und ihm der scharfe Befehl erteilt, in Zukunft weder Strick, Kette oder Nagel noch sonst etwas vom Galgen zu verkaufen. Der letzte Henker von Bregenz – er habe mit seiner Frau einen abgelegenen Hof am Weg zum Pfänder bewirtschaftet – scheint sich an die Vorschriften gehalten zu haben. Der große, rothaarige, hagere Mann habe den Strick, den er bei den Hinrichtungen benützt habe, immer an die Wand neben seinem Bett aufgehängt.

Der Andelsbucher Dichter Josef Feldkircher, der die meisten Jahre seines Lebens als Seelsorger in Deutschland gearbeitet hat, scheint den Galgen und sein Holz dagegen in anderem Licht gesehen zu haben, wenn er von ihm schreibt:

»Die Menschen scheuen dich gewisslich nicht vergebens,
du bist in schlechtem Ruf und nicht der Baum des Lebens;
Besonders gut hat dich der Bibelspruch getroffen:
Man kann vom schlechten Baum nur schlechte Früchte hoffen.«

Überhaupt nichts Sagenhaftes hat ein düsteres Ereignis aus Lustenau an sich, handelt es sich doch um einen Tatsachenbericht, der aus der so genannten »Hollenstein-Chronik« stammt.

Es war anno 1738, da wurde über die unglückselige Maria Algin nach »lustnauerisch Recht« Blutgericht gehalten und der Stab gebrochen. Unfassbares war geschehen: *Die armseelige Algin hat in der Kindbeth, just da alles in der Kirche war, mit einem schlechten Sackmesserle ihrem etlich Tag alten Kindlein in der Wieg mit eigenen Händen die Gorgel abgeschnitten und sich darauf widrum in das Beth gelegt.* Als ihr Mann nach der Kirche nach Hause kam, wollte er wissen, wer um Gottes willen dem Kind das angetan habe. Sie selbst sei es gewesen, gab die Frau zu. »Aber warum denn?«, fragte er fassungslos. *»Weilen ich einen überaus großen Lust dazu hatte«*, lautete die beinahe unglaubliche Antwort. Der Mann, *ganz außer sich selbst, trat vor sein Haus hinaus und offenbahrte dieses betrübteste Spectacul öffentlich jedmann. Alles hatte wie billich, das größte Hertzenleyd und Mitleyd mit ihm.*

Die Übeltäterin wurde auf einem Wagen nach Hohenems ins Gefängnis gebracht. Nichts in ihrem Betragen deutete auf eine Sinnesverwirrung hin, und so wurde *in Gegenwarth des ganzen Gerichts, so bey dem Tavern zu Lustenau unter freyem Himmel gehalten wurde, durch den Hofammann der Todesstab gebrochen, bey dem Hochgericht das Haupt abgeschlagen.* Immerhin bekam sie ein ordentliches Begräbnis auf dem Friedhof.

Wenig bekannt ist von einem Mädchen – vielleicht handelte es sich um eine weitere Lustenauerin –, das sein Leben ebenfalls auf derart ehrlose Art beendet haben dürfte. Als Magd sei es nach Rankweil gekommen, dort habe es sich in den Hausherrn verliebt und schließlich, um ihn heiraten zu können, dessen Frau umgebracht. Doch die Untat wurde ruchbar und die Schuldige kam vor Gericht. Vor mehr als eineinhalb Jahrhunderten wurde in Lustenau noch ein Lied gesungen, in dem die arme Magd selbst zu Wort kommt, und in der dritten Strophe berichtet sie:

»Mor'n am Morgo um a acht
wird man uns ein Frühstück geb'n;
sollten's alle eingeladen sein,
und ich muß selbst das Frühstück sein.«

Dass die Bedauernswerte ihren Tod nicht als Strafe, sondern als Sühne versteht, wird in der letzten Strophe des Liedes deutlich:

»D' Himmelsleiter woll'n wir besteigen,
und die Englein soll'n uns begleiten,
und die Mutter Jungfrau rein
soll meine Fürbitt'rin sein.«

Hinrichtung in Hohenems 1749, zeitgenössischer Holzschnitt

Das Enthaupten galt stets als die ehrenvollste aller Todesstrafen. Meist wurde es mit einem Schwert vollzogen und forderte dem Henker nicht wenig an Können ab. Dabei kniete der Verurteilte mit verbundenen Augen, oder er saß auf einem Stuhl vor dem Scharfrichter. Dieser achtete darauf, beim tödlichen Streich stets hinter dem Todeskandidaten zu stehen, schließlich wollte er es nicht riskieren, von dessen bösem Blick getroffen zu werden.

Auch jener Scharfrichter, der am 18. Februar des Jahres 1704 die Aufgabe hatte, in Bregenz Graf Philipp von Arco zu enthaupten, mag sich wohl überlegt haben, wie er die Sache am besten hinter sich bringen sollte. Dem Verurteilten war vorgeworfen worden, die vorderösterreichische Festung Breisach kampflos den anrückenden Franzosen übergeben zu haben. Als Adeliger hatte er Anrecht auf eine besondere Behandlung. So durfte er zum Beispiel auf keinen Fall von ihm, dem Scharfrichter, berührt werden. Vor allem aber war dafür zu sorgen, dass die ganze Prozedur so vonstatten ging, dass der Abgang des vornehmen Delinquenten seinem Stand entsprach. Gerade hatte der Graf kniend die letzte Absolution erhalten und war aufgestanden. Er zog sich bis aufs Hemd aus, sein Kammerdiener verband ihm die Augen, zum letzten Mal verlangte der Todgeweihte das Kruzifix, drückte es an sich und wollte es gerade ein letztes Mal küssen. Da traf ihn der tödliche Streich.

Der damalige Stadtpfarrer von Bregenz, dem wir einen Augenzeugenbericht hierüber verdanken, schildert den tödlichen Hieb detailliert: »… und nimmt das hochgräfliche Haupt samt den vordersten Gliedern an dem Daumen und Zeigefinger rechter Hand, welche er mit dem Kreuz gegen den Mund erhebt, in einem Streich, auch das Kreuz halb hinweg.« Die Prozedur des Enthauptens gehörte sicher zu den schwierigsten Aufgaben eines Scharfrichters; wehe ihm, wenn er seine Sache nicht ordentlich ausführte, es konnte zu seinem eigenen Tod führen; dann nämlich, wenn die erbosten Zuschauer über ihn herfielen. Gut zweihundert Jahre zuvor war Derartiges vorgekommen, als der Ravensburger Scharfrichter eigens nach Bregenz geholt worden war und dort im entscheidenden Moment versagt hatte. »Mit gewaffneter Hand« waren die erbosten Zuschauer auf ihn losgegangen und hatten ihn erschlagen.

Bregenzer Richtschwert, Landesmuseum

Nach der Hinrichtung Arcos erzählte man sich im Volk schon bald, der Graf sei knapp vor seinem Tod durch den Kaiser begnadigt worden, doch man habe den Brief nicht geöffnet und erst gelesen, »wie ihme das Haubt ist ofentlich abgeschlagen gewesen«, wie der bereits erwähnte Johannes Häusle zu erzählen weiß.

Sagenhaftes findet sich im Zusammenhang mit dieser Hinrichtung auch insofern, als die Volkserzählung den Ort der Enthauptung vom Bodenseeufer (heute etwa Anfang der Rathausstraße im Bereich der Seeanlagen) schon bald dorthin verlegte, wohin er nach altem Brauch gehörte: an die alte Bregenzer »Richtstätte an der Klause« über der Straße nach Lochau. Dorthin kamen dann auch viele, um für die Seelenruhe des Grafen zu beten. Schließlich wartete eine entsprechende Sage, in der es sich dann allerdings beim Opfer der Hinrichtung nur mehr um einen »Soldaten« handelte, sogar mit einer Augenzeugin auf: *Eine gewisse Frau Vogler sah vom Haupt des eben Hingerichteten eine weiße Taube auffliegen. Seitdem wallfahrteten bis noch vor ein paar Jahrzehnten viele Leute zu dieser Richtstätte. Auch hieß es, man nehme hier seit dieser Begebenheit einen Balsamgeruch wahr.*

Allein schon die Verknüpfung Soldat – Taube klingt unerwartet. Da wird ein Vertreter des Krieges in die nächste Nähe zu einem klassischen Friedenssymbol gebracht. Die Taube ist nicht erst seit Picasso Sinnbild des Friedens, spätestens seit die Bibel sich ihrer am Jordan bei der Taufe Christi angenommen und Jesus selbst seine Jünger ermahnt hat: »Seid ohne Falsch wie die Tauben!«, gilt der Vogel als Sinnbild der Sanftmut. Es ist dies allerdings eine Meinung, zu der die moderne Biologie nur den Kopf schütteln kann. Die Vorstellung der Taube als Symbol der befreiten Seele dagegen ist uralt, die ägyptische Hieroglyphe für »Seele« ist die gleiche wie für »Vogel«, und dass besonders bei Märtyrern am Ende aller blutrünstigen Prozeduren ein solcher Vogel himmelwärts fliegt, kommt nicht selten vor. Der erwähnte Balsamgeruch ist erst recht eine typische Zutat frommer Heiligenlegenden; es bleibt jedoch noch zu ergänzen, dass in früherer Zeit so genannter »englischer Wunderbalsam« etwas war, was gerade Soldaten oft bei sich trugen. Gut vorstellbar, dass so ein mitgeführtes Fläschchen bei der wohl nicht gerade zimperlichen Art der Henkersknechte zu Bruch gegangen sein könnte. Dass sich der Geruch dann allerdings so lange hielt, mag zu denken geben.

Sicher keine Taube schwebte auf, als der sagenhafte Verräter von Frastanz für seine böse Tat büßte und sein Leben ließ. Von ihm berichtet der Feldkircher Stadtchronist Johann Georg Prugger im Jahr 1685, allerdings sind damals seit seinem überlieferten Verrat schon bald 200 Jahre vergangen, und sein schlimmes Ende wird in der Chronik überhaupt nicht erwähnt. Dafür gibt es dann bei Peter Kaiser in seiner »Geschichte des

Fürstentums Liechtenstein« eine Schilderung mit allen Einzelheiten. Da führt der Schaaner Uli Mariss am 20. April 1499 einen kleineren Streithaufen »durch die Alp Gaffadura bis auf die Höhe des Berges, an dessen anderer Seite die den Frastanzern zugehörige Alp Saroja liegt«. *Uli Mariss ging, Erbsen streuend, voran und die Schweizer dieser Spur folgend, kamen auf die Höhe des Berges. Daselbst angekommen, verlangte Uli Mariss den versprochenen Lohn. Da sprach der Hauptmann der Schweizer zu ihm: »Knie nieder, nimm den Hut in die Hand und du wirst ihn erhalten«. Solches tat Uli Mariss. Da schlug ihm der Hauptmann mit*

Die Strafe für den Verräter – Franz Renner, 1935

dem Schwert den Kopf vom Rumpf, daß er in den Hut fiel. So bekam der Verräter seinen Lohn.«

Spätestens beim Befehl sich niederzuknien, müsste dem Verräter eigentlich klar geworden sein, dass ihm hier ein Lohn besonderer Art ausbezahlt werden sollte. Nach einer weiteren Sage habe der Schweizer Hauptmann nach dem tödlichen Streich noch trocken bemerkt, so zahle man bei ihnen die Verräter. Uli Mariss dürfte – wenn es sich wirklich so abgespielt hat – seine Worte nicht mehr gehört haben.

Das ist kein erfreulicher Abschluss, und so mag noch als letztes Kapitel eine kleine Betrachtung folgen, die eher der ersten Hälfte des Buchtitels gerecht wird. Auch wenn im Folgenden nicht nur von Heiligen die Rede sein wird, so halten wir uns zumindest in deren Nähe auf.

MEHRERAUER ERINNERUNGEN

Wer heute die Klosterkirche des ehemaligen Dominikanerinnenklosters Thalbach betritt, dem fällt sicher an der Stirnwand des Altarraums gleich die überlebensgroße Figur der Muttergottes mit dem Kind auf ihrem hölzernen Thron auf. Die Heimat der fast 2,50 m hohen Plastik aus Lindenholz war die Mehrerau. Dort bei den Benediktinern soll sie nach der Legende von zwei kunstfertigen Mönchen geschaffen worden sein. Anna Hensler lässt die beiden das Kunstwerk zwar aus dem Stamm einer gewaltigen Eiche anfertigen, die unweit des Klosters gestanden sei, doch dafür entspricht ihre folgende Schilderung den Tatsachen umso mehr, wenn sie von den beiden Künstlern schreibt: ... *sie schnitzten ein gar großes und wunderbarlich schönes Bild unserer Lieben Frau, wie sie mit ihrem göttlichen Kind segnend und voll milden Ernstes thront.*

Muttergottes von Thalbach, 13. Jh.

Als die beiden Mönche ihre Arbeit beendet hatten, wurde die Statue feierlich an ihren künftigen Platz in den Chor der Klosterkirche gebracht. Wie erstaunten alle, als sie die Muttergottes tags darauf beim ersten frühmorgendlichen Chorgebet nicht mehr in ihrer Kirche vorfanden und schließlich über deren Portal entdeckten. Wer wollte dem himmlischen Willen widersprechen! Die Skulptur – sie wird dem letzten Drittel des 13. Jh. zugeordnet – blieb an ihrem neuen Platz.

Viele Jahre vergingen. Dann brach – es war im Jahre 1592 – im Kloster eine böse Krankheit aus, die viele Mönche hinweg-raffte. Als Ursache vermutete man verdorbene Speisen. In dieser schlimmen Zeit übernahmen die Franziskanerinnen des Thalbachklösterchens die gefährliche Aufgabe, die Mönche und Brüder am Ufer des Bodensees zu versorgen. Dankbar versprach ihnen der Abt, der selbst erkrankt war, wenn das Übel abgeklungen sei, werde sich sein Kloster erkenntlich zeigen, man werde ihnen gewähren, was immer sie erbitten würden. Natürlich hatte er bei seinem Versprechen an Korn, Wein und andere Güter gedacht und erschrak sicher nicht wenig, als er nach dem Abklingen der Krankheit den Wunsch der Schwestern vernahm: Sie wollten zum Dank das große Muttergottesbild.

Doch der Abt stand zu seinem Wort. Vielleicht hoffte er auch im Stillen, das Wunder von einst werde sich nochmals wiederholen. Warum sollte die Gottesmutter nicht abermals an jenen Platz zurückkehren, der ihr offensichtlich viel bedeutete! *Im Kirchlein am wilden Thalbach begrüßten die armen Klosterfräulein mit Liedersang und Glockenklang die große Muttergottes, da sie einzog. Drei Tage und drei Nächte lang verweilten sie beständig bei ihr und beteten voll Inbrunst, daß sie bleibe.*

Und sie blieb. Doch noch Wochen und Monate später stahl sich bald die eine, bald eine andere der Nonnen aus ihrer Zelle in die Kirche und schaute ängstlich, ob die Himmelsmutter noch da sei. Der aber schien es im neuen Zuhause zu gefallen. Wieder vergingen fast zweihundert Jahre, und sie hätte ihren Platz sicher nie mehr verlassen, wären da nicht – es war im Jahre 1783 – fremde Männer gekommen und hätten sie von ihrem vertrauten Platz heruntergehoben und abtransportiert. Es war die unselige Zeit der josefinischen Klosterauflösungen, der auch das ehemalige Franziskanerinnenkloster in Thalbach zum Opfer fiel. Sogar ihre wertvollen Kleider wurden der Gottesmutter weggenommen, der einzige Trost war, dass man für deren Erlös sechs Messgewänder für arme Pfarreien einhandelte, die sich nicht viel leisten konnten. Nur jenes Kleid, das sie gerade anhatte, durfte sie behalten. Es wurde in ihrem Beisein auf 13 fl. 30 kr. geschätzt. Es war entwürdigend!

Um sich eine Vorstellung davon zu machen, was der erwähnte Betrag annähernd darstellte, mag folgender Vergleich dienen: Etwa um dieselbe Zeit kaufte der junge Josef Sigmund Nachbauer, der spätere Freiheitskämpfer, auf dem Feldkircher Johannimarkt etwa zum selben Preis gerade »für 6 Ele schwarz Tuch« für seine Braut.

Für die nächste Zeit kam die Muttergottes hinauf ins Martinskirchlein in die Bregenzer Oberstadt. Der Bürgermeister und einige andere kauften auch die meisten Kleinodien, die ebenfalls konfisziert worden waren, wieder zurück. Bald jedoch schaltete sich der damalige Kreishauptmann ein, der das Gnadenbild »gleich einem unnützen Möbel« in eine Ecke des städtischen Zeughauses bringen ließ. Später durfte es für einige Zeit in einer Bregenzer Bürgerwohnung unterkommen. Vielleicht wäre die Muttergottes auch noch länger dort geblieben, doch im Jahre 1797 kam neues Leben in die verlassenen Räume ihrer zweiten Heimat drunten in Thalbach. Dort hatte sich inzwischen zwar für kurze Zeit sogar ein Salpetersieder breitgemacht, doch dann waren Dominikanerinnen eingezogen. Denen war ein Jahr zuvor ihr Kennelbacher Kloster abgebrannt, und sie waren froh, hier eine neue Heimat zu bekommen. Für die Muttergottes, die in einem triumphalen Zug an ihren ehemaligen Platz zurückgetragen wurde, war es die alte; sie mag also vielleicht noch froher gewesen sein als die Nonnen.

Wer weiß, wie es ihr in der Mehrerau ergangen wäre, hätte sie der Abt einst nicht nach Thalbach ziehen lassen. In der josefinischen Zeit war es den Männerorden zwar wesentlich besser ergangen, wurden doch von ihren sieben Klöstern allein jenes in Viktorsberg aufgehoben, während es von den sechs Frauenklöstern gleich die Hälfte war.

Der Orden des hl. Benedikt zählte mit seinem Leitspruch »Ora et labora« – Bete und arbeite – von allem Anfang an nicht zu jenen, die ins Visier des aufklärerischen Habsburgers geraten waren, hatte es dieser doch vor allem auf solche Klöster abgesehen, in denen ein ausschließlich kontemplatives Leben geführt wurde. Dazu zählte die Mehrerau sicher nicht. Trotzdem war dem ehrwürdigen Kloster, das zu dieser Zeit bereits seit über siebenhundert Jahren bestand, auch nicht mehr viel Zeit vergönnt.

Eine Generation später folgte Schlag auf Schlag. An Weihnachten des Jahres 1805 war unser Land Bayern zugesprochen worden. Die neuen Administratoren arbeiteten gründlich: Es wurde inventarisiert, beschlagnahmt und die Auflösung des Klosters vorbereitet. Das Kirchensilber, die Glocken, das Chorgestühl, die Bibliothek, alles wurde weggebracht und zum größten Teil verkauft. Wertvolle Bücher und unersetzliche Handschriften wurden verschleppt und vieles im Klosterhof verbrannt, während drinnen im großen Bibliothekssaal Soldaten und Beamte zur Blechmusik tanzten.

»Es ist vollbracht!«, sagte damals ein Pater unter lautem Schluchzen in seiner Abschiedspredigt, dann wurden die Lichter ausgelöscht und die Altäre entkleidet. Ein Jahr später wurde die gesamte Klosteranlage von Dr. Anton Schneider, dem späteren Landeskommissär, käuflich erworben, und am 7. Dezember 1808 ließ der neue Besitzer den Turm der Klosterkirche im Rahmen eines Volksfestes niederstürzen. Dann folgte der Abbruch der Kirche; »der Vandalismus feierte Triumphe«, schreibt gut hundert Jahre später der Historiker Dr. Andreas Ulmer. Zu diesem Zeitpunkt war das »bedeutendste Werk der Vorarlberger Bauschule auf heimischem Boden« gerade erst 65 Jahre alt.

Die verwertbaren Steinquader wurden zum Hafenbau nach Lindau gebracht, sogar die Grabsteine vom alten Klosterfriedhof und die Grabplatten aus der Kirche wurden dort vermau-

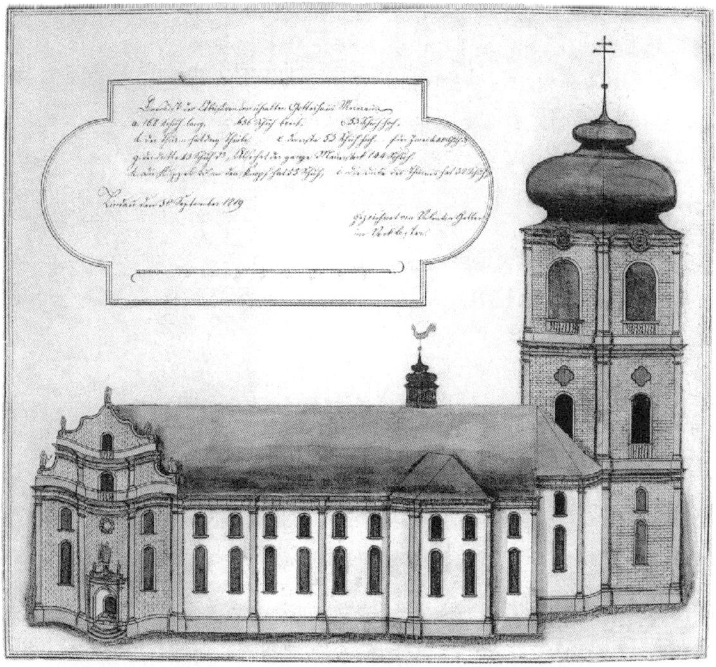

Aufriss der barocken Klosterkirche – Rekonstruktion 1819

ert. Noch vor wenigen Jahrzehnten habe man in dieser Bodenseestadt vom Damm vor dem Leuchtturm aus eine Marmorplatte mit einer Inschrift erkennen können. »Ingredimini per portas has!« – Tretet ein durch diese Tore!, habe ihre Inschrift geheißen, die nunmehr für die bei Stürmen in den Hafen flüchtenden Schiffe Geltung hatte. Es ist dies ein Wort des alttestamentlichen Jeremia, und der fährt weiter: »… um den Herrn anzubeten.« Nur einige Zeilen weiter jedoch macht er seinem Namen als Prophet alle Ehre, wenn es heißt: »Ist denn in euren Augen dieses Haus, über dem mein Name ausgerufen ist, eine Räuberhöhle geworden?«

Was man heute noch von der Einrichtung der ehemaligen Klosterkirche am Bodensee weiß, ist nicht besonders viel. Von

Sel. Habrila in der Pfarrkirche St. Martin in Alberschwende, 1934

ihrer Vorgängerin dagegen gibt es eine ausführliche Beschreibung des bekannten Paters Franz Ransperg aus der Mitte des 17. Jahrhunderts. Unter anderem ist auch die Rede vom Hochgrab der heute fast unbekannten sel. Haberilia. Sechs Säulen trugen die Grabplatte, unter der – so heißt es beim Mehrerauer Pater – die Wallfahrer hin- und zurückkrochen. Besonders Kinder wurden gern hierher gebracht und so durch den Grabstein »geschleufft«. Nach einer Legende hatte diese Haberilia vom hl. Gallus selbst den Schleier empfangen, und so war es auch ganz in der Nähe des Altars auf einem großen Bild dargestellt. Ihr Grab hatte bereits in früheren Zeiten einige Veränderungen erfahren, und auch nach dem Abbruch der Kirche wurde es mehrmals verlegt. In der kleinen Schrift »Vorarlbergia sacra« (1927) des Jesuitenpaters Isidor Hopfner heißt es, man habe, um zu ihm zu gelangen, in einen Raum hinabsteigen müssen. Dort hätten sich mehrere Gräber befunden, alle mit Steinplatten bedeckt, und in ihrer Mitte habe sich jenes der Seligen befunden. *Auch dies war mit einer Steinplatte verschlossen, in deren Mitte sich eine Öffnung befand. Es war darin nichts zu sehen als Erde, von der die Pilger mitnahmen. Hieher war der hl. Leib bei einem Umbau der Kirche gebracht worden.*

Für kranke Kinder fühlte sich die Selige dann aber nach wie vor besonders zuständig, und wenn man ihnen oder den anderen Heilung Suchenden den Transport hierher nicht zumuten konnte, nahm man in einem Säckchen etwas Erde von ihrem Grab mit und legte sie den Kranken auf. Sobald die Heilung eingetreten war, musste die Erde wieder zurückgebracht werden.

Leider weiß die damalige zeitgenössische Literatur nichts über eine sel. Haberilia, die laut Bildnis Klosterfrau oder gar Äbtissin eines Frauenklosters gewesen sein soll. Dass sie jedoch als »Inklusin« – ähnlich wie früher die hl. Wiborada drüben beim Kloster St. Gallen – in einer kleinen Hütte in der Nähe der Mehrerau gelebt hat – allerdings eben um Jahrhunderte später –, hat einiges für sich. Es scheint sich bei ihr um eine jener vielen »Beginen« im Bodenseeraum gehandelt zu haben, die entweder als Waldschwestern in der Einsamkeit oder im Schutz eines Männerklosters lebten. Der oben erwähnte Jesuitenpater, ein gebürtiger Alberschwendner, stellt sie in seiner kleinen Schrift in die Nähe des sel. Merbot. Auch der war jemand, zu dem vor allem die kranken Kinder gebracht wurden, auch von seinem Grab nahm man Erde mit. Der Bregenzerwald hätte damit mit dieser Haberilia – laut P. Hopfner – seine »eigene« Heilige, denn sowohl Ilga als auch ihre Brüder Diedo und der erwähnte Merbot sind ja keine gebürtigen »Wälder«, sondern sollen aus dem Bregenzer Grafenhaus stammen.

Zurück in die »Au am See« oder das »Kloster Bregenz in der Au«, wie die Mehrerau vor dem 17. Jahrhundert genannt wurde.

An der Nordostseite der ehemaligen romanischen Klosterkirche, in der Marienkapelle, befand sich einst das prachtvolle Grabmahl des letzten Grafen von Pfullendorf. Das war seinerzeit der große Konkurrent für den Pfalzgrafen Hugo von Tübingen, dessen Sohn dann der erste Graf von Montfort wurde. Auch der Tübinger hat die Mehrerau als seine Grablege bestimmt und so diese alte Tradition der Bregenzer Grafen weitergeführt. Vom ganzen prunkvollen Mausoleum des Pfullendorfers blieb nichts übrig außer einem Kopf aus Sandstein, der bei der Zerstörung einem knienden Ritter – er sollte wahrscheinlich den Verstorbenen selbst darstellen – abgeschlagen wurde und anschließend gerettet worden sein dürfte. In der Folge wurde er ein Erbstück, und schließlich boten ihn seine neuen Besitzer dem damals noch jungen »Museumsverein für Vorarlberg«, dem heutigen »Vorarlberger Landesmuseumsverein«, zum Kauf an. Vergeblich! Dann wurde das schöne Stück in Privatbesitz nach Graz veräußert, kam aber schließlich nach 150 Jahren doch wieder in die Heimat zurück, als es 1957 zum Hundertjahrjubiläum des Vereins angekauft wurde. Dieser Sandsteinkopf war die einzige nennenswerte figürliche Erinnerung an die einstige Benediktinerbasilika, die mit so vielen Werken der Plastik und Malerei ausgestattet war. Nach neuesten Stilvergleichen anhand der erhaltenen Rüstung (Halsbrünne usw.) scheint der Kopf und damit sein Träger in die 1. Hälfte des 14. Jahrhunderts zu gehören. Damit erhärtet sich die Vermutung, es handle sich beim ehemals abgebildeten Ritter nicht um den letzten Pfullendorfer, sondern um den 1338 verstorbenen Grafen Hugo V., den Letzten der Montforter der Bregenzer Linie.

Die Ergebnisse solcher Stilvergleiche mögen durchaus überzeugen, in diesem Fall kam jedoch bei der Zuordnung zu seinem ehemaligen Träger eine nicht unwesentliche Erschwernis dazu: Der Ritter bzw. sein Kopf stand für eine genauere Untersuchung nicht zur Verfügung. Der Sandsteinkopf – er hatte immerhin eine Höhe von 28 cm und sicher auch das entsprechende Gewicht – war nämlich am 5. August 1983 um etwa 11 Uhr kurz vor Torschluss aus dem Museum gestohlen worden. Er hatte damit ein ähnliches Schicksal erlitten wie so vieles aus dem ehemaligen Benediktinerkloster.

Ritterkopf, ehemals im Vorarlberger Landesmuseum

Die Erinnerungen an Alt-Mehrerau sind wehmütig ausgefallen.

LITERATUR

SAGENSAMMLUNGEN – ALLGEMEINES

Alemania. Zeitschrift für alle Gebiete der Wissenschaft und der Kunst
Beitl, Richard: Im Sagenwald. Neue Sagen aus Vorarlberg. Feldkirch 1953
Bilgeri, Benedikt: Vorarlberger Volksglaube in der schriftlichen Überlieferung. In: Jahresbericht des Bundesgymnasiums für Mädchen Bregenz über das Schuljahr 1953/54. Bregenz 1954
Borst, Arno: Mönche am Bodensee, 610–1525. Sigmaringen 1978
Elsensohn, Josef: Sagen und Volksglauben im inneren Bregenzerwalde. In: Progr. Gymnasium in Teschen. Teschen 1866
Feierabend. Wochenbeilage zum »Vorarlberger Tagblatt«
Handwörterbuch des deutschen Aberglaubens. Hg. von Hanns Bächtold-Stäubli. Berlin-Leipzig 1927–1942
Häusle, Johannes: Rankweiler Chronik in zwei Teilen (1746/1758). Hg. von Ilse Wegscheider. Dornbirn 1991
Heimat. Volkstümliche Beiträge zur Kultur und Naturkunde Vorarlbergs
Jb. d. VLMV = Jahrbuch des Vorarlberger Landesmuseumsvereins
Huber, Franz Josef: Kleines Vorarlberger Burgenbuch. Dornbirn 1985
Jacobus de Voragine: Legenda aurea, aus dem Lateinischen übersetzt von Richard Benz. Jena 1917.
Montfort. Vierteljahresschrift für Geschichte und Gegenwart Vorarlbergs
Peuckert, Will-Erich: Deutscher Volksglaube des Spätmittelalters. Stuttgart 1942
Prugger, Johann Georg: Veldkirch. Das ist Historische Beschreibung der Loblichen O. O. vor dem Arlenberg gelegnen Statt Veldkirch, Feldkirch 1685
Röhrich, Lutz: Sage und Märchen. Erzählforschung heute. Freiburg 1976
Röhrich, Lutz: Lexikon der sprichwörtlichen Redensarten. Freiburg–Basel–Wien 1991

Schauber, Vera - Hanns Michael Schindler: Heilige und Namenspatrone im Jahreslauf. Augsburg 1998
Schleh, Johann Georg: Hystorische Relation (Emser Chronik). Hohenems 1616 (Nachdruck Bregenz 1935)
Rüf, Konrad: Aus dem Sagenschatz des Bregenzerwaldes. Manuskript. Lingenau 1949
Ulmer, Andreas: Rund um Vorarlberger Gotteshäuser. Heimatbilder aus Geschichte, Legende, Kunst und Brauchtum. Bregenz 1936
Vogt, Werner: Erzählungen und Sagen aus der Talschaft Bregenzerwald. Heimatpflegeverein Bregenzerwald 1992
Vonbun, Franz Josef: Die Sagen Vorarlbergs mit Beiträgen aus Liechtenstein. Aufgrund der Ausgabe von Hermann Sander (1889) neu bearbeitet und herausgegeben von Richard Beitl. Feldkirch 1950
Vorarlbergisches Wörterbuch mit Einschluß des Fürstentums Liechtenstein. Hg. von der Österreichischen Akademie der Wissenschaften. Bearb. von Leo Jutz. Wien 1960-1965
VVK = Vorarlberger Volkskalender
Walker, Barbara G.: Das geheime Wissen der Frauen. München 1995
Wölfle, Franz Xaver: Sagen von Bizau. In: Montfort 1 (1946) 9/12, S. 263–284

STEINE DER HEILIGEN

Barth, Medard: Der heilige Arbogast. Colmar 1940
Bregenz aktuell: Riesen-Stein aus Irland für die Pfarre St. Kolumban. In: Bregenz aktuell 1984/7, S. 7 und 1985/1, S. 14–15
Dörler, Sophie: Der Gallenstein. In: Beitl, Nr. 19
Dünser, Philipp: Die Sage vom Klushund: ein Beispiel von Sagenentstehung, Sagenwanderung und Sagenwandlung. In: Heimat 6 (1925), S. 12–16 und 50–56
Irtenkauf, Wolfgang (Hg.): Fridolin - der heilige Mann zwischen Alpen und Rhein. Ein deutsches Fridolinsleben gedruckt in Basel 1480. Sigmaringen 1983
Möking, Bernhard: Der Gallusstein. In: Ders.: Sagen und Schwänke vom Bodensee. Konstanz 1993, S. 235
Müller, Armin: Wallfahrten in Vorarlberg mit Weihe- und Votivgaben. Volkskundliche und geschichtliche Betrachtung der bedeutenderen

Wallfahrtsorte des Landes. Inauguraldissertation an der UNI Innsbruck (ungedruckt), 1946, Vorarlberger Landesbibliothek, S. 147
Roder, Josef Gebhard: Bregenz vor 50 Jahren. Separatdruck aus dem Vorarlberger Volksblatt. Bregenz 1902
Schott, Clausdieter: Sankt Fridolin vor dem Landgericht Rankweil. In: Forschungen zur Rechtsarchäologie und Rechtlichen Volkskunde, Bd. 15 (1993), S. 297–326
Ulmer, Andreas: Die ehemalige St. Gallensteinkirche und das heutige St. Gallusstift in Bregenz. In: Veröffentlichungen des Vereins für christliche Kunst und Wissenschaft in Vorarlberg und dem Westallgäu. XI. Heft, Dornbirn 1922

VON DEN VENEDIGERN

Baumer, Franz: Traumwege durch Rätien. Passau 1981
Beitl, Richard: Venediger auf dem Blassenggenberg. In: Beitl, Nr. 378
Elsensohn, Reinhard: Klufthöhlen auf der Blasenka (Großes Walsertal). In: Neuigkeiten aus Karst und Höhle, 2 (1987) 3, S. 21–24
Henne, O.: Die Zwerge am Gonzen. In: Ders.: Am Rhyn, die deutsche Volkssage. Wien 1879
Hensler, Hedwig: Der Venediger auf Villifau. In: Beitl, Nr. 476
Rausch, Elke: Wilde Männle im Allgäu. Kempten 1967
Valentinitsch, Helfried - Ileane Schwarzkogler (Hg.): Hexen und Zauberer. Katalog der Steirischen Landesausstellung 1987 Riegersburg/Oststeiermark 1. Mai - 26. Oktober. Graz 1987
Vonbun, Franz Josef: Die Venediger im Hittisberg – Die drei Schwestern – Das vogelfreie Venedigermännlein – Der Zauberspiegel – Der Drache und das Venedigermännlein. In: Vonbun, Nr. 11, 98, 106, 109, 141
Wiederin, Bruno: Lied des Venedigermännleins. In: VVK 1993, S. 87
Zösmair, Josef: Die Bergnamen Vorarlbergs. Innsbruck 1923

VON MAGISCHEN KRÄUTERN

Beitl, Richard: Der Sägahund oder Ribipudel - Geweihte Palmen. In: Beitl, Nr. 305, 590
Bodlak, Josef: Alti Pflenk vo da Krüter. In: Heimat 4 (1923), 1/2 S. 178–182

Bodlak, Josef: Pflanzensagen. In: Heimat 5 (1924) 1/2 S. 22–24
Breindl, Ellen: Das große Gesundheitsbuch der hl. Hildegard von Bingen. Augsburg 1990
Häfele, Franz: Die Pest in Ebnit und Ems. In: Beitl, Nr. 175
Marzell, Heinrich: Zauberpflanzen – Hexentränke. Brauchtum und Aberglaube. (Kosmos-Bibliothek Band 241) Stuttgart 1963
Rinderer, Marie: Im roten Unterrock. In: Beitl, Nr. 477
Schöpf, Hans: Zauberkräuter. Graz 1986
Stoffler, Hans-Dieter: Der Hortulus des Walahfrid Strabo. Aus dem Kräutergarten des Klosters Reichenau. Sigmaringen 1978
Vonbun, Franz Josef: Die Wäsche an Fronfasten. In: Vonbun, Nr. 104

EIN VERKANNTES HÖLLENTIER

Barbisch, Hans: Uralte Trümpfe. In: Feierabend 8 (1926) 6, S. 34
Beitl, Richard: Schwarze Katzen – Die Katzen töten. In: Beitl, Nr. 229, 308
Bitschnau, Katharina: Die französische Waldkatze. In: Beitl, Nr. 541
Dörler, Sophie: Die Katze heruntergeschlagen. In: Beitl, Nr. 46
Hauser, Christian: Die Mühle bleibt stehen. In: Ders.: Sagen aus dem Paznaun und dessen Nachbarschaft. Innsbruck 1894, Nr. 21
Moosmann, M. Anna: Hexenhilfe. In: Beitl, Nr. 91
Simma, Reinold: Das Kreuz im Tempel – Katzen bewohnen eine Hütte. In: Beitl, Nr. 86, 90
Steurer, Xaver: Die Katze in der Au. In: Vogt, Nr. 98
Tschofen, F. J.: Die Katzen am Bach. In: Beitl, Nr. 559
Vonbun, Franz Josef: Der Laguzerbutz – Die schwarze Katze. In: Vonbun, Nr. 136, 140
Weinzierl, Walter: Was man aus uralten Zeiten bei uns finden kann. Dornbirn 1969
Wölfle, Franz Xaver: Die geheimnisvolle Katze. In: Wölfle, S. 294
Zengerle, Alfred: Die Katze im Höllmühleloch. In: Vogt, Nr. 28

HEILIGE AUF REISEN

Caminada, Christian: Die verzauberten Täler; die urgeschichtlichen Kulte und Bräuche im alten Rätien. Olten 1961

Deschner, Karlheinz: Abermals krähte der Hahn. Stuttgart 1971.
Egger, Lisa: Dr heilig Benedikt Labre. In: Karl Gamon: Sagen und Geschichten aus Nenzing. Nenzing 1986, S. 55
Fux, Ildefons: Ich werde ihr immer helfen. Die Beziehungen der hl. Magdalena Sophia zu Riedenburg. Wien 1991
Hensler, Anna: Die Heinrichskapelle auf der Neuburg. In: Ulmer, S. 11
Lisch, Johann Georg: Kirchliche Topographie, Geschichte und Statistik der Seelsorgsstation Koblach. K. K. Landgericht Feldkirch im Kreis Vorarlberg 1821 (Manuskript)
Sandholzer, Franz-Josef: Aus der Pfarrgeschichte. In: Koblach, hg. von der Gemeinde Koblach, 1995, S. 181
Scherer, Josef: St. Aurelias Flucht von Fußach nach Lindau. In: Ulmer, S. 35

VERLIEBT, VERLOBT, SITZEN GELASSEN!

Barbisch, Hans: Der Klapperhannes. In: Alemania 1 (1926/27), S. 128 ff.
Beer, Natalie: Der falsche Schwur. In: VVK 1985, S. 160–163
Beitl, Richard: Die Läuse. In: Beitl, Nr. 373
Bickel, Josef: Die Laterne. In: Beitl, Nr. 354
Grass, Adam: Unglück in allen Himmelsrichtungen. In: Beitl, Nr. 283
Hensler, Anna: Das Steinkreuz am Bartelmäberg. In: Ulmer, S. 57
Ilg, Karl: Die Walser in Vorarlberg. 2. Teil: Ihr Wesen; Sitte und Brauch als Kräfte der Erhaltung ihrer Gemeinschaft. (= Band 6 der Schriften zur Vorarlberger Landeskunde). Dornbirn 1956
Konzett, Ignaz: Das Heiraten versprochen. In: Beitl, Nr. 372

DAS SCHMÄHLICHE RECHT

Becker, Gabriele u. a.: Aus der Zeit der Verzweiflung. Zur Genese und Aktualität des Hexenbildes. Frankfurt 1977
Borst, Otto: Alltagsleben im Mittelalter. Frankfurt 1983
Boureau, Alain: Das Recht der Ersten Nacht. Düsseldorf – Zürich 1996
Dörler, Sophie: Der Zwingherr. In: Beitl, Nr. 112
Fehr, Fina (Tosters): Auskunft vom 5. 12. 2000 bez. Prozession
Fels, Erich: Heimatkundliche Stoffsammlung aus Satteins. Satteins o. J.
Häfele, Franz: Wie der Küechlisonntag entstand. In: Beitl, Nr. 254

Hensler, Anna: Die Befreiung von den Zwingburgen.
In: Liechtensteiner Sagen. Feierabend 14 (1932) 24, S. 398–400
Kessler, Benedikt: Das Schloss im Valkastiel. In: Beitl, Nr. 470
Petzold, Leander, Dämonenfurcht und Gottvertrauen, Darmstadt 1989, S. 118.
Pfarramt Tosters: Auskunft vom 5. 12. 2000 bez. Prozession
Ulmer, Andreas: Die Burgen und Edelsitze Vorarlbergs und Liechtensteins. Dornbirn 1925, S. 497 (Schwarzenhorn-Kuh)

VON ALTEN KLÖSTERN

Alpenburg, Johann N. von: Die glühende Hand.
In: Ders: Mythen und Sagen Tirols, Zürich 1857, S. 149
Beitl, Richard: Die vier Ratten – Kurasche für ganz Vorarlberg.
In: Beitl, Nr. 238, 239
Dörler, Adolf: Märchen und Schwänke aus Nordtirol und Vorarlberg.
In: Zeitschrift für Ver. f. Vk. 16 (1906), S. 278–302.
Dörler, Sophie: Die Nonne in der Klosterkaserne. In: Beitl, Nr. 16
Elsensohn, Josef: Der Pfarrer mit dem Brevier unter dem Arme.
In: Elsensohn, S. 15
Hensler, Anna: Das Frauenkloster in Altenstadt I. und II.
In: Ulmer, S. 10 f.
Podhradsky, Gerhard: Kirchen, Pfarrer, Bruderhof und Kloster.
In: Altenstadt – eine Dorfgeschichte. Altenstadt 1997, S. 323–402, hier 373 ff.
Sander, Hermann: Beiträge zur Geschichte des Frauenklosters St. Peter, Innsbruck 1901, S. 47 ff.
Sutterlüti, Hermann: Der Geist in der Kirche. In: Vogt, Nr. 244

SAGEN VOM VERGELTSGOTT

Barbisch, Hans: Eine Primiz. In: VVK 1924, S. 77
Beitl, Richard: Vergeltsgott – Vergeltsgott. In: Beitl, Nr. 27, 584
Beitl, Richard: Sagen aus dem Montafon. In: Württemberg. Monatsschrift im Dienste von Volk und Heimat (1930) 12, S. 556–559.
Dörler, Sophie: »Vergelt's Gott« erlöst. In: Beitl, Nr. 114
Ginzkey, Franz Karl: Balladenbuch, Wien, o. J.
Rüf, Konrad: Der Geist an der Bayener Brücke. In: Rüf, Nr. 37

DER APOSTEL PETRUS IM LÄNDLE

Barbisch, Hans: Vandans. Eine Heimatkunde aus dem Tale Montafon in Vorarlberg. Innsbruck 1922, S. 258

Elbs, Benno: Petrus war ein Vorarlberger. In: VN vom 10./11. März 2001

Elsensohn, Franz: Der Donnerer. In: Beitl, Nr. 62

Engel, Eduard: Geschichte der Deutschen Literatur von den Anfängen bis zur Gegenwart. Wien–Leipzig 1919

Fusangel, Andreas: Was sich die alten Rankweiler erzählt haben. Manuskript. Rankweil 1910

Hensler, Anna: Der Liechtensteiner Alpruf. In: Feierabend 14 (1932) 24, S. 198 f.

Schneider; Erich: Der Alpsegen. In: VVK 1991, S. 61 f.

VON GOLDENEN KEGELSPIELEN

Beitl, Richard: Das goldene Kegelries in Dornbirn. In: Beitl, Nr. 138

Dörler, Sophie: Das goldene Kegelspiel. In: Beitl, Nr. 1

Giesinger, Josef: Das goldene Kegelspiel auf der Burg Ems. In: Ders.: Emser Sagen. Hohenems 1980, S. 13 f.

Hensler, Anna: Wohin sind die Schätze der Emser verschwunden? In: Vorarlberger Tagblatt v. 23. 1. 1941

Moosmann, M. Anna: Die Freimesse. In: Beitl, Nr. 94

Troll, I. G.: Sagen und anderes aus Schwarzach. In: Heimat 4 (1923) 1/2, S. 224–226

Vonbun, Franz Josef: Beiträge zur deutschen Mythologie, gesammelt in Churrätien, Chur 1862, S. 18 f.

Vonbun, Franz Josef: Das goldene Kegelspiel. In: Vonbun, Nr. 82

VON HEILIGENSCHÄDELN UND TOTENKÖPFEN

Beitl, Richard: Der Metzgerwald. In: Beitl, Nr. 80

Bodlak, Sepp: Reste alten Rechtswesens aus der Innerfratte. In: Heimat 4 (1923) 1/2, S. 112–113

Dörler, Adolf: Der mutige Bursche im Beinhaus. In: Ders.: Märchen und Schwänke aus Nordtirol und Vorarlberg. In: Zeitschrift für Verein f. Volkskunde 16 (1906), S. 278–302

Douglas, Norman: Wieder im Walgau. Bregenz 1983

Grabher, Hannes: Der heilige Eusebius. In: Brauchtum, Sagen und Chronik. Lustenau 1956, S. 150

Ineichen, Stefan: Ein Mord ohne Blut und ein blutiges Wunder. In: Ders.: Die verzauberten Schweine. Frauenfeld 1990, S. 169 f.

Linder-Knecht: Anna: Wie Liesa das Fürchten lernte. In: VVK 1959, S. 33–35

Schild, Wolfgang: Die Geschichte der Gerichtsbarkeit. Hamburg 1980

Tschofen, F. J.: Der Schäfler mit zwei Schatten. In: Beitl, Nr. 581

Wratzfeld, Viktor: Eusebius vom Viktorsberg. Geschichte – Legende – Kult. (Schriften zur Vorarlberger Landeskunde, Band 11), Dornbirn 1975

Zimmerische Chronik. Nach der von Karl Barack besorgten 2. Ausgabe neu hrsg. von Paul Herrmann, Meersburg/Leipzig 1932. Verfasser: Graf Froben Christoph von Zimmern (gest. 1567)

VON GALGENVÖGELN UND GEKÖPFTEN

A.K.G.: Von Galgenvögeln am Bodensee. In: Holunder. Wochenbeilage der Vorarlberger Landes Zeitung für Volkstum, Bildung und Unterhaltung 15 (1937) 45, S. 3.

Bitsche, Josef: Verschollene Lieder im Vorarlberger Volksliedarchiv. In: Jb. d. VLMV 1962, S. 140–166

Dörler, Sophie: Richtstätten. In: Beitl, Nr. 15

Feldkircher, Josef: Galgengedanken. In: Hermann Sander: Dichterstimmen aus Vorarlberg, Innsbruck 1895, S. 140

Feldkircher Anzeiger vom 19. 2. 1949 (Hochgericht)

Fetz, Karl: Das Mühlinger- oder Subild. In: Vogt, Nr. 150

Grabher, Hannes: Brauchtum, Sagen und Chronik. Lustenau 1956

Kaiser, Peter: Geschichte des Fürstentums Liechtenstein, nebst Schilderungen aus Chur-Rätiens Vorzeit. Chur 1847, S. 292 f.

Nägele, Hans: Berühmte Gaststätten in Vorarlberg. In: Feierabend 39 (1931), S. 386 ff.

Rüdisser, Ferdinand: Die Hinrichtung. In: Beitl, Nr. 134

Scheffknecht, Wolfgang: Scharfrichter: eine Randgruppe im frühneuzeitlichen Vorarlberg. Konstanz 1995

Vallaster, Christoph: September 1864 – Die letzte öffentliche »Henkate«. In: VN, (Aus der Geschichte) 1989

Wratzfeld, Viktor: Eine blutige Geschichte. In: Jahresbericht 1981/82 des Bundes-Oberstufen-Realgymnasiums Lauterach. S. 44–49
Zipf, Hans: Die Generale Graf Philipp von Arco und Graf Ludwig von Marsigli. In: Montfort 35 (1983), S. 308-332 und 36 (1984), S. 7–41, hier 28

MEHRERAUER ERINNERUNGEN

Amann, Eva-Maria: Die romanische Kirchenanlage des Klosters Mehrerau und die Reste ihrer Ausstattung. In: Montfort 53 (2001) 4, S. 383–406
Burmeister, Karl Heinz: »Diß Kind gehöhrt in die Mererau«, Bestrebungen zur Seligsprechung der Haberilia um 1718. In: Montfort 52 (2000) 4, S. 361–390
Duft, Johannes: Die selige Haberilia – eine Jüngerin des heiligen Gallus? Zu neuentdeckten Barockversen in der Stiftsbibliothek St. Gallen. In: Jb. d. VLMV 1995. Bregenz 1995, S. 137–151
Hensler, Anna: Die große Muttergottes von Talbach. In: Ulmer, S. 25
Janetschek, O.: Ingredimini per portas has! In: Heimat 8 (1927) 9, S. 213–220
Knecht, Fidel: Die Aufhebung der Klöster in Vorarlberg unter Kaiser Franz Josef II. In: Veröffentlichungen des Vereines für christliche Kunst und Wissenschaft in Vorarlberg und im Westallgäu. XII. Heft, Dornbirn 1923
Meier-Dellach, Hans-Peter (Hrsg): 900 Jahre Zukunft. Augenblicke der Ewigkeit. Zeitschwellen am Bodensee. Lindenberg 1999
Rapp, Ludwig: Topographisch-historische Beschreibung des Generalvikariates Vorarlberg. II. Band: Dekanat Bregenz. Erste Abteilung. Brixen 1896, S. 673 f.
Schöppner, Alexander: Die Hexensteine bei Lindau. In: Ders.: Sagen aus Bayern - Schwaben. München 1980, S. 48–49
Ulmer, Andreas: Die Klöster und Ordensniederlassungen in Vorarlberg einst und jetzt. In: Veröffentlichungen des Vereines für christliche Kunst und Wissenschaft in Vorarlberg und im Westallgäu. XIV. und XV. Heft, Dornbirn 1925–1926
Vonbank, Elmar: Quellen zur Ur- und Frühgeschichte Vorarlbergs. In: Jb. d. VLMV 1966, S. 219–277

BILDNACHWEIS

Bundesdenkmalamt Bregenz	Seite 79
Bundesdenkmalamt Bregenz	Seite 61
Gemeindearchiv Lustenau	Seite 168
Gemeindearchiv Rankweil	Seite 126, 147, 150
Hofer Josef	Seite 98
Huber Franz Josef	Seite 91
Lercher Roman	Seite 79
Rheticus-Gesellschaft	Seite 69
Scheibenstock Emil	Seite 81
Stadtarchiv Bregenz	Seite 96 (o)
Vorarlberger Landesmuseum	Seiten 169, 180

Alle Fotos und Reproduktionen, deren Seitenzahlen nicht eigens angegeben wurden, sind Besitz des Autors.

REGISTER